静岡大学人文社会科学部研究叢書 No.73

現代社会と企業

伊東暁人 編著

学術図書出版社

まえがき

　本書は，社会と企業の関わりを学ぶことを目的としたテキストとして編まれている．

　現代の社会を生きていくうえで，企業の存在を無視することはできない．仕事の場としてだけでなく，衣食住など生活のあらゆる場面に企業は介在しており，企業との関わりを全く持たない生活や社会を想像することは極めて難しいであろう．さらに一例をあげれば，国連は「持続可能な開発目標」（SDGs）を定めるにあたり，「企業は，SDGs を達成する上で，重要なパートナーである．」，「すべての企業に対し，明確に，その創造性及びイノベーションを活用して，持続的発展のための課題を解決するよう求めている．」（SDGs Compass）として，政府や市民，社会に対してだけでなく，企業をも対象として全世界的な行動を要請している．社会と企業の関わりを学ぶことは，これからの社会と世界のあり方を考える上でも，今後，ますます重要となってくるのである．

　本書の想定する読者はおもに大学で初めて経済や経営について学ぶ学生であるが，各章では概説的内容に加えて執筆者の専門分野における最新の情報や研究成果を可能な限り反映させている．

　また本書では，学習の便を図るために各章末に参考文献とともに，「さらに深く学ぶために参考となる Web サイト」を付した．それぞれの文献にあたるとともに，インターネットを有効に活用してさらに深く，最新の状況も理解してもらいたい．

　なお，本書を出版するにあたり，静岡大学人文社会科学部学部長裁量経費（研究成果公開助成費）の助成を受けている（静岡大学人文社会科学部叢書 No.73）．執筆メンバーを代表して深く感謝の意を表する．最後に，学術書の出版が厳しい昨今の状況下において出版をお引き受けいただいた（株）学術図書出版社と担当の杉浦氏にも厚く御礼申し上げる．

2021 年 2 月

執筆者を代表して

伊東暁人

第1章

企業とは何か？

> **本章の概要**
>
> 　本章では，企業と経済・社会との関係を考える上で前提となる「企業」について論じる．企業とは何か，企業にはどのような形態や種類があるのか，日本国内にはどのくらいの企業があり，その特徴はどうなっているのか，等を各章の展開に先立って概観しておく．

第1節　はじめに－経済社会における企業

　ほかの科学や学問と同様に，経済・社会においてある事象や対象を分析する場合，さまざまな視点（分析視角）でみることが可能である．企業についても「企業論」といった教科書を開けば，その所有形態，法的位置づけ，組織として，あるいは社会的器官として，といったようないくつかの異なる視点による分析が述べられている．本書でも，各章でそれぞれ異なる視点から企業と経済，社会との関係を見ていく．

　まず，「企業」と「会社」，「事業所」について，その違いを示しておこう．これらの概念に必ずしも普遍的な区分基準があるわけではないが，一般的には，企業が最も広い概念として用いられている．たとえば，国語辞書では，企業を「事業の企てをすること．生産・営利の目的で事業をすること．またその経営体」（岩波国語辞典（第五版）），「生産・営利の目的で，生産要素を総合し，継続的に事業を経営すること．また，その経営の主体.」（広辞苑（第七版））とし，広く事業を営む経済単位（組織）であれば，その形態は特に規定していない．それに対して，会社は「商行為その他の営利行為を業とする目的で設立した社団法人」と何らかの法人（契約や所有など権利能力を認められた法人格を持つ組織）であることを規定している．すなわち，会社とは法的な存在であり，企業が法律（会社法など）の手続きに従い法人としての登記をすれば会社になる（会社＝法人化された企業）ということである（図1.1）．現行の会社法は，登記できる会社の種類として，株式会社，合名会社，合資会社，合同会社の四つを定めている．

　また，企業に関する官庁統計などを利用するときによく目にする「事業所」についてであるが，事業所とは，「一般に工場，製作所，事務所，営業所，商店，飲食店，旅館，娯楽場，学校，病院，役所，駅，鉱業所，農家などと呼ばれるもの」（日本標準産業分類（2007（平成19）年11月改定）一般原則第2項（総務省統計局））で，また政府の経済センサスでは「経済活動が行われている場所ごとの単位で，…①一定

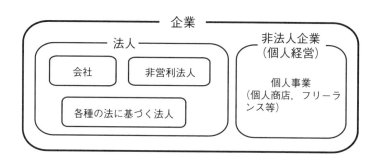

図 1.1 企業の分類

の場所（1区画）を占めて，単一の経営主体のもとで経済活動が行われていること．② 従業者と設備を有して，物の生産や販売，サービスの提供が継続的に行われていること．」と定義されている．すなわち，事業所とは物やサービスの生産活動が行われる基本的単位を示す統計上の概念であり，それゆえ，ひとつの企業が単独の事業所で活動を行う場合も，また，ひとつの企業が複数の事業所を持つ場合もある[1]．

1. 経済主体としての企業

企業は，家計・政府と並ぶ経済主体の一つである．経済主体とは，生産，流通，消費といった経済活動を行う担い手の基本的な単位である．企業は家計やほかの企業から提供された労働や資本などの生産要素を結合して，財・サービスを生産し，それを家計やほかの企業，政府等に対して販売し，代価を受け取る．こうして，経済システムとしての財・サービス，貨幣の相互的な循環構造が維持される（図 1.2）．

一般的な企業は営利（利潤獲得）を目的として経済活動を行うが，非営利の（多くは公的な，あるいは社会的な）企業なども存在するので，企業を広くとらえるならば，営利目的に限らず，一定の計画に従い

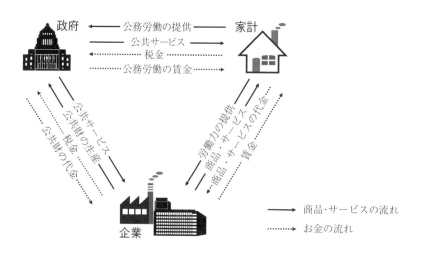

図 1.2 三つの経済主体

---

[1] 経済センサス（平成28年）によると，「単一事業所企業」が全企業等の91.8%，「複数事業所企業」が8.2%となっている．

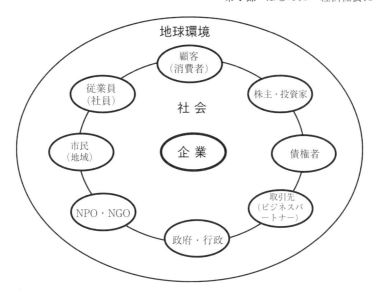

図 1.3　企業とステークホルダー

継続的意図を持って経済活動を行う独立した経済主体（経済単位）ということができよう.

2.　社会的存在としての企業

　企業を経済活動の視点のみで捉えるのではなく, 市民社会の構成要素の一つとして捉えようとする考え方が, 近年の CSR（Corporate Social Responsibility：企業の社会的責任）の議論もあって広範に受け入れられるようになってきている. 古くは, 経営学者のドラッカーが 1946 年にその著書[2]の中で, "The corporation as a social institution."（直訳すれば「社会的機関（制度）としての企業」となるが, 意味としては「企業は社会的な存在である」ということ）と言い, 会社が（所有者である）資本家（＝株主）への利益提供ばかりを追求することの限界を指摘し, 企業が単なる経済主体であるだけではなく, ひとつの共同体として社会の一部を成すとした. 彼は, そうした立場から, 企業は事業体としての利潤追求だけでなく, 社会への影響に責任を持ち, 社会への貢献を使命とすべきことを主張した. ドラッカーの主張から半世紀以上が経ち, 株主のために利潤を極大化することこそが企業の唯一無二の使命である, といった考え方は世界的に見ても小さくなってきたと思われる. 一方で, 企業の社会的責任論の高まりとともに, 企業が株主のみならず従業員, 消費者, 地域住民など多くのステークホルダー（stakeholder：利害関係者, 図 1.3）に対して責任を負い, それらの信頼を得られなければ企業そのものを持続させることができなくなるという考え方が広く支持されるようになってきている. 企業は, 生産性を高め, 法令を遵守しながら利潤を追求するばかりでなく, 雇用の促進や技術の開発などを通して経済社会の進展に寄与するとともに, 環境保全や文化の向上などにも貢献する社会的責任を負っているのである.

　さらに, 世界全体が SDGs（持続可能な開発目標：Sustainable Development Goals）の達成を目指す状

---

[2] Drucker, P. F., "Concept of the corporation"（1946 年）『会社という概念』（1966 年, 東洋経済新報社）,『企業とは何か』（2005 年, ダイヤモンド社）

況にあって，イノベーションを起こして雇用を生み出し，資金を供給する企業の参加が不可欠である．企業は SDGs への取り組みについてベンチマーキングをされ，これを無視して事業活動を行うことは，ESG 投資[3]を受けられなくなるなど，企業自身の持続可能性を揺るがすリスクをもたらす．

社会的存在としての企業は，株主や従業員，顧客である消費者といった直接の利害関係者だけでなく，企業活動を推進するうえで直接・間接に利害や影響を与える様々な社会集団のことを考慮した上で，社会の一員として社会に役立つ事業活動を行わなければならない．現在，多くの企業が自社をアピールする際に「よき企業市民として」ということを標榜しているが，これもまた，企業自らが社会を構成する一市民としての自覚を持ち，市民にふさわしい相応の義務を負うことを表明するものといえよう[4]．

第 2 節 企業の種類と分類

1. 公共性による分類

公企業（公共企業体）

公企業（公共企業体）とは，国や地方公共団体（自治体など）が保有（出資）する企業で，公共性の高い事業や営利活動になじまない事業を実施することが多く，一般に利潤追求の度合いは低い．かつては，いわゆる「三公社[5]，五現業[6]」に代表される国が保有する多くの企業体が存在したが，民営化や独立行政法人化などによりその多くが形態を変えている．地方公共団体（自治体）もまた，公共企業体を持つ場合があり，住宅供給公社，道路公社，土地開発公社などの地方公社がある．地方公共団体の現業部門は地方公営企業とよばれ，水道，バス，鉄道，電気，ガスなどの事業を行っている自治体がある．

私企業

私企業とは，民間が出資・経営する企業で，多くの場合，営利を目的とするため利潤追求の度合いが高い．ふつう，「企業」というと私企業をさすことが多い．

公私合同企業

公私合同企業は，政府（地方公共団体）と民間が共同出資する会社形態である．地方公共団体との共同出資の場合，「第 3 セクター」と称されることがある．

政府との共同出資会社として株式会社形態をとるものとしては，三公社から移行した，日本たばこ産業株式会社（JT）（2020 年 9 月末現在で資本金 1000 億円のうち政府（名目的には財務大臣）が 33.35％の株式を保有），日本電信電話株式会社（NTT）（2020 年 9 月末現在で資本金 9379.5 億円のうち政府が 33.93％の株式を保有）などがある．また，特殊法人形態のものとして，日本銀行（日本銀行法に基づく認可法人．

---

[3] 環境（Environment）・社会（Social）・ガバナンス（Governance）要素も考慮した投資．

[4] たとえば，（一社）日本経済団体連合会の「企業行動憲章」には，『「良き企業市民」として，積極的に社会に参画し，その発展に貢献する．」という一文がある．（2017 年 11 月第 5 回改定版）

[5] 三公社とは，日本専売公社（1985 年民営化により日本たばこ産業株式会社（JT）へ移行），日本電信電話公社（1985 年民営化により日本電信電話株式会社（NTT）へ移行），日本国有鉄道（1987 年民営化により JR 各社と日本国有鉄道清算事業団へ移行）の 3 企業体をさす．

[6] 五現業とは，国有林野事業（農林水産省林野庁所管），郵政事業（2003 年郵政公社化，2007 年民営化により日本郵政グループ（JP）へ移行），印刷事業（2003 年独立行政法人化により国立印刷局へ移行），造幣事業（2003 年独立行政法人化により造幣局へ移行），アルコール専売事業（2006 年民営化により日本アルコール産業（株）に一部が移行）をさす．

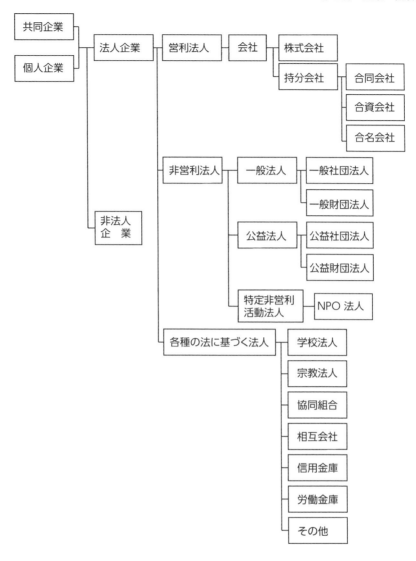

図 1.4 企業の分類

2020 年 3 月末現在で資本金 100,000 千円のうち政府が 55%となる 55,008 千円を出資[7]．）などがある．

　地方公共団体との共同出資のものは様々なものがある．たとえば，旧国鉄（日本国有鉄道）の赤字ローカル線が民営化の際に地方に経営移管されたいわゆる第三セクター鉄道は地方公共団体等の共同出資が多い．

2. 所有と責任範囲による会社の分類

　企業は，その所有（出資）形態と責任範囲（有限責任か，無限責任か），さらに目的（営利目的か，非営利か）などによって分類することができる．図 1.4 は，広義の企業を分類したものである．本項では，上記の

---

[7] 日本銀行法により日本銀行の資本金は 1 億円，「資本金のうち政府からの出資の額は，五千五百万円を下回ってはならない.」と定められている．

表 1.1　会社の分類

	株式会社	合同会社 (LLC)	合名会社	合資会社	（有限会社）
最低出資金額	1 円以上		2 円以上		2006（平成18）年の新会社法施行により，現在は法律上，有限会社を新規に設立することはできない．
出資者の数	1 名以上		2 名以上		
役員の数（株式会社以外は社員という）	取締役 1 名以上	有限責任社員 1 名以上	無限責任社員 1 名以上	無限責任社員 1 名以上，有限責任社員 1 名以上	
責任	出資者が出資金の範囲内で責任を負う	全員が有限責任社員	出資者が会社の債務に対して連帯して無限に責任を負う	有限責任の社員と無限責任の社員	
最高決定機関	株主総会	全社員の同意			
会社の代表者	代表取締役	代表社員	社員（代表社員を定めてもよい）		
役員の任期	原則 2 年	無期限			

うち，法人企業で営利を目的として設立される会社についてのみ述べる．前述したように，会社とは法人化された企業をいう．日本では，会社法（第 2 条）により，株式会社，合同会社，合名会社，合資会社の 4 つの会社形態を定めている（表 1.1）．なお，2006（平成 18）年の新会社法施行により，現在は法律上，有限会社を新規に設立することはできないため，現在，新規に設立される会社の 9 割以上は株式会社である[8].

- 株式会社

  有限責任社員である多数の株主によって組織される．出資者は 1 名以上で，出資者は全員，会社の債務に対して出資した金額の範囲内でのみ責任を負う．原則として出資者と経営者は分離しているが，規模が小さい場合は分離していない場合も多い．

- 合同会社

  2006（平成 18）年の会社法改正で新設された会社形態で，別名 LLC（Limited Liability Company）とも呼ばれる．出資者は 1 名以上で金銭のみ，出資者全員が有限責任を負う．出資者と経営者が同一人物でもよく，定款自治が認められているため意思決定や利益分配方法を自由に決めることができ，それゆえ出資比率と分配比率を一致させなくてもよいという特徴がある．

- 合名会社

  出資者は 2 人以上の無限責任社員（経営者）によって組織される．出資者は血縁関係者もしくは個

---

[8] 国税庁「会社標本調査結果（平成 30 年度分調査）」では，法人数は 273 万 8,549 社（内訳：株式会社 93.3%，合名会社 0.1%，合資会社 0.5%，合同会社 3.6%，その他 2.5%）となっている．

人的な信頼関係にある者によって構成されることが多い.「人的会社」と呼ばれることもある.

- 合資会社

  出資者は 2 人以上で, 1 名以上の有限責任社員と 1 名以上の無限責任社員(会社の債務について無限に責任を負う社員)によって組織され, 無限責任社員は, 経営も行う.

- (● 有限会社)

  元々は 50 人以下の有限責任社員によって組織される会社であったが, 2006(平成 18)年の新会社法施行により, 現在は法律上, 有限会社を新規に設立することはできない. 旧来からの有限会社は,「特例有限会社」として存続が認められている.

第 3 節 企業の数と規模

1. 企業の数

日本にはどのくらいの数の企業があるのだろうか? この分野で最も包括的な統計は, 総務省統計局が統計法に基づき実施している「経済センサス」である.(2006(平成 18)年までは「事業所・企業統計調査」として調査が行われてきた.)この調査の目的は「事業所及び企業の経済活動の状態を調査し, すべての産業分野における事業所及び企業の従業者規模等の基本的構造を全国及び地域別に明らかにすること」である. 2019(令和元)年 6 月現在の我が国の総事業所数(民営)は 639 万 8912 事業所である[9]. 企業数と従業者数がわかる直近の確報値である 2016(平成 28)年 6 月 1 日現在の企業等数は 385 万 6457 企業(平成 24 年 2 月 1 日現在と比べると 6.6%の減少), 事業所数は 557 万 8975 事業所(同 3.3%の減少), 従業者数は 5687 万 3 千人(同 1.9%の増加)となっている[10]. 企業数で法人と個人事業(個人経営)の構成比をみると, 法人が 48.7%, 個人事業(個人経営)が 51.3%となっている. 売上高でその構成比をみると, 法人が 98.2%, 個人事業(個人経営)が 1.8%となっている.

また, 財務省財務総合政策研究所が営利法人等の企業活動の実態を把握するために実施している「法人企業統計調査」によると, 2019(令和元)年における母集団法人数は 290 万 0072 社となっている[11].

2016(平成 28)年の経済センサスで企業の構成比を見てみよう(図 1.5).

産業大分類別に企業等数をみると,「卸売業, 小売業」が 84 万 2182 企業(全産業の 21.8%)と最も多く, 次いで「宿泊業, 飲食サービス業」が 51 万 1846 企業(同 13.3%),「建設業」が 43 万 1736 企業(同 11.2%)などとなっており, 上位 3 産業で全産業の 5 割弱を占めている. また, 第三次産業で全産業の 78.1%を占めている.

売上高をみると,「卸売業, 小売業」が 500 兆 7943 億円(全産業の 30.8%)と最も多く, 次いで「製造業」が 396 兆 2754 億円(同 24.4%),「金融業, 保険業」が 125 兆 1303 億円(同 7.7%)などとなっており, 上位 3 産業で全産業の 6 割強を占めている. また, 第三次産業で全産業の 68.5%を占めている.

付加価値額をみると,「製造業」が 68 兆 7891 億円(全産業の 23.8%)と最も多く, 次いで「卸売業, 小

[9] 総務省統計局「令和元年経済センサスー基礎調査(甲調査確報)結果の概要」2020 年 12 月
[10] 総務省統計局「平成 28 年経済センサスー活動調査(確報)産業横断的集計」2018 年 6 月
[11] 財務省「年次別法人企業統計調査(令和元年度)結果の概要」財務総合政策研究所, 2020 年 10 月 30 日

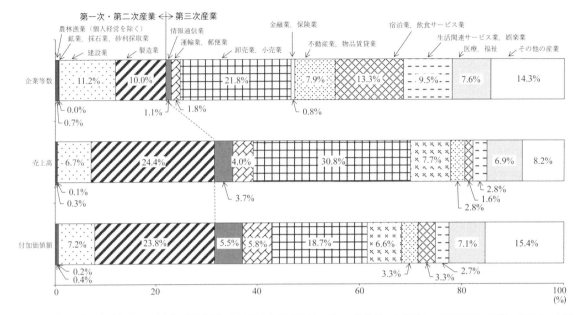

図 1.5　産業大分類別企業等数，売上高および付加価値額の構成比（平成 28 年）
（出典：総務省統計局「平成 28 年度経済センサス—活動調査（確報）産業横断的集計」2018 年 6 月）

注 1：　「その他の産業」は，日本標準産業分類における大分類「電気・ガス・熱供給・水道業」，「学術研究，専門・技術サービス業」，「教育，学習支援業」，「複合サービス事業」及び「サービス業（他に分類されないもの）」の計である．

注 2：　「売上高の構成比」及び「付加価値額の構成比」は必要な事項の数値が得られた企業等を対象として集計した．

売業」が 54 兆 1633 億円（同 18.7%），「建設業」が 20 兆 8207 億円（同 7.2%）などとなっており，上位 3 産業で全産業の 5 割弱を占めている．また，第三次産業で全産業の 68.4% を占めている．

　会社企業について，資本金階級別に企業数をみると，「資本金 1000 万円未満」が 88 万 6919 企業（資本金階級別の合計に占める割合は 56.3%）と最も多く，次いで「資本金 1000～3000 万円未満」が 54 万 6245 企業（同 34.7%），「資本金 3000 万円～1 億円未満」が 11 万 4705 企業（同 7.3%），「資本金 1 億円以上」が 2 万 8495 企業（同 1.8%）となっていて，3000 万円未満の会社で約 9 割を占める．また，売上高及び付加価値額をみると，「資本金 1 億円以上」がそれぞれ 922 兆 9534 億円（同 66.0%），140 兆 7285 億円（同 57.9%）と最も多くなっている（図 1.6）．

　産業大分類別に従業者数をみると，「卸売業，小売業」が 1184 万 4 千人（全産業の 20.8%）と最も多く，次いで「製造業」が 886 万 4 千人（同 15.6%），「医療，福祉」が 737 万 5 千人（同 13.0%）などとなっており，上位 3 産業で全産業の 5 割弱を占めている．また，第三次産業で全産業の 77.3% を占めている．なお，これら上位 3 産業について，2012（平成 24）年と比べると，「卸売業，小売業」が 0.8% の増加，「製造業」が 4.1% の減少，「医療，福祉」が 19.4% の増加となっている（図 1.7）．

　従業者規模別に事業所数をみると，「1～4 人」が 304 万 7110 事業所（事業所全体の 57.1%）と最も多く，次いで「5～9 人」が 105 万 7293 事業所（同 19.8%），「10～19 人」が 64 万 9836 事業所（同 12.2%）などとなっていて，従業者数 20 人未満の事業所が全体の約 9 割弱を占めている．従業者数をみると，「10～19

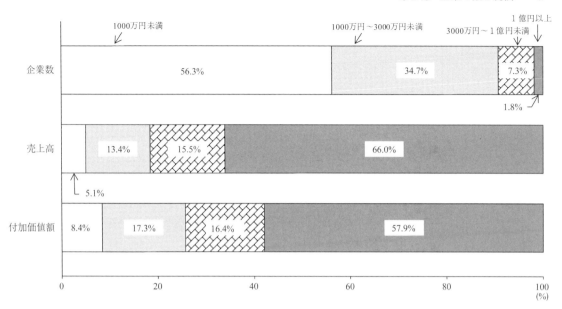

注：　「企業数の構成比」,「売上高の構成比」及び「付加価値額の構成比」は必要な事項の数値が得られた企業を対象として集計した.

図 1.6　資本金階級別企業数, 売上高および付加価値額の構成比 (会社企業, 平成 28 年)
(出典：図 1.5 と同じ)

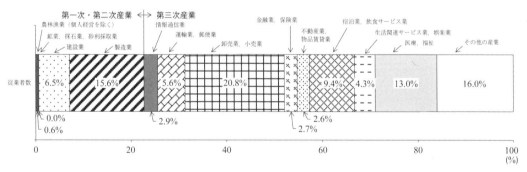

注 1：　「従業者数の構成比」は必要な事項の数値が得られた事業所を対象として集計した.

注 2：　「その他の産業」は, 日本標準産業分類における大分類「電気・ガス・熱供給・水道業」,「学術研究, 専門・技術サービス業」,「教育, 学習支援業」,「複合サービス事業」及び「サービス業 (他に分類されないもの)」の計である.

図 1.7　産業大分類別従業者数の構成比
(出典：図 1.5 と同じ)

人」の事業所に属する従業者数が 876 万 8 千人 (従業者全体の 15.4%) と最も多く, 次いで「300 人以上」が 830 万 2 千人 (同 14.6%),「5～9 人」が 694 万 1 千人 (同 12.2%) などとなっている (表 1.2).

　大企業・中小企業の定義は, 会社法や中小企業基本法など法によって異なるが, 企業数では全国にある企業の 9 割以上 (定義によっては約 99%) が中小企業となっている (表 1.3).

表 1.2　従業者規模別事業所数及び従業者数

従業者規模	事業所数				従業者数			
	2012年 （H24年）	2016年 （H28年）	増減率 （％）	合計に 占める割合 （％）	H24年 （人）	H28年 （人）	増減率 （％）	合計に 占める割合 （％）
総数	5,453,635	5,340,783	▲ 2.1	100.0	55,837,252	56,872,826	1.9	100.0
1〜 4人	3,196,052	3,047,110	▲ 4.7	57.1	6,932,490	6,516,332	▲ 6.0	11.5
5〜 9	1,078,187	1,057,293	▲ 1.9	19.8	7,048,935	6,940,748	▲ 1.5	12.2
10〜 19	628,403	649,836	3.4	12.2	8,468,398	8,768,303	3.5	15.4
20〜 29	221,617	232,601	5.0	4.4	5,270,638	5,530,991	4.9	9.7
30〜 49	151,183	163,074	7.9	3.1	5,689,763	6,133,936	7.8	10.8
50〜 99	96,498	100,428	4.1	1.9	6,589,637	6,864,826	4.2	12.1
100〜199	38,442	39,002	1.5	0.7	5,222,134	5,291,760	1.3	9.3
200〜299	10,252	10,454	2.0	0.2	2,474,297	2,524,234	2.0	4.4
300人以上	11,952	12,223	2.3	0.2	8,140,960	8,301,696	2.0	14.6

注 1：　総数には出向・派遣従業者のみの事業所を含む.

注 2：　従業者規模別の「事業所数」及び「従業者数」は必要な事項の数値が得られた事業所を対象として集計した.

（出典：図 1.5 と同じ）

表 1.3　中小企業基本法による中小企業の定義と分類

（「資本金または出資の総額」と「従業員（常時使用）数」はどちらかを満たせばよい）

	資本金または出資の総額	従業員（常時使用）数
製造業その他	3 億円以下	300 人以下
卸売業	1 億円以下	100 人以下
小売業	5000 万円以下	50 人以下
サービス業	5000 万円以下	100 人以下

（商業・サービス業では従業員 5 人以下，製造業・その他の業種は従業員 20 人以下の企業を小規模企業者
と定義している）

第 4 節　本章のまとめ

　本章では，企業と経済・社会を考えるうえで前提となる「企業」について概観した. まず，企業を経済主体として捉える考え方と社会的存在として捉える考え方を論じた. 次に，企業の種類と分類について，公共性を視点とする分類と，おもに会社法に基づく分類を紹介した. 最後に，政府統計をもとに，日本に存在する企業の数と中小企業が大部分を占める特徴について示した.

参考文献

- Drucker, P. F. "Concept of the corporation" Beacon Hill Press，1946 年.

  （邦訳：『会社という概念』東洋経済新報社，1966 年，『企業とは何か』ダイヤモンド社，2005 年．）

- 三戸浩・池内秀己・勝部伸夫『企業論　第 4 版』有斐閣，2018 年.

- 小山嚴也・出見世信之・谷口勇仁『問いからはじめる 現代企業』有斐閣，2018 年.

- 佐久間信夫編著『よくわかる企業論（第 2 版）』ミネルヴァ書房，2016 年.

- 汪志平『企業論テキスト』中央経済社，2015 年.

- 総務省統計局　経済センサス，https://www.stat.go.jp/data/e-census/index.html（2020 年 11 月 30 日現在）

さらに深く学ぶために参考となる Web サイト

(1)　総務省統計局　　　　　　　　　https://www.stat.go.jp/

(2)　中小企業庁　　　　　　　　　　https://www.chusho.meti.go.jp/

(3)　財務省財務総合政策研究所　　　https://www.mof.go.jp/pri/index.htm

（閲覧日はいずれも 2020 年 12 月 10 日）

第 2 章

企業の理論

本章の概要

　本章は，資本主義経済の中心である「企業」の理論を扱う．大学では，経済学および経営学で企業に関する諸理論を学ぶが，本来，企業は経済学，経営学という学問の枠を超えて学際的に学ぶ必要がある．本章は，第 1 節で標準的なミクロ経済学が分析の対象としている「生産の主体」としての企業の理論，第 2 節で株式会社論を，第 3 節で組織としての企業論を展開する．「生産の主体」としての企業は通常経済学が，組織としての企業は経営学がそれぞれ別個に考察対象としてきたが，近年の企業理論の発展により，経済学は株式会社を「プリンシパル‐エージェント関係」として把握することができるようになった．本章は以下を順に論じることにしよう．

1. 生産関数としての企業

2. 株式会社

3. 組織としての企業

1. は経済学，特にミクロ経済学の授業の最初に教えられる企業理論であるが，非常に抽象的である．2. は現在企業の多くが「株式会社」であるにも関わらず，1. の「生産関数としての企業」論では説明できないため（その理由は後述），「プリンシパル‐エージェント関係」という新たな理論を用いて株式会社を説明する．3. の組織としての企業は経営学において，近代組織理論として展開されるが，ここでは企業を「ある目的を協働して実現する人々の集団」と見る．

第 1 節　「企業」の基本的な事実

1.　「企業」とは

　第 1 章で企業が何であるかそのあらましについて述べたが，あらためて触れておこう．

（1）　大企業と中小企業

　2016 年現在で日本には約 359 万の「企業」が存在するが，いわゆる大企業は 0.3% を占めるに過ぎない．残りは，個人事業者，中小・零細企業である．大企業と中小企業とは以下のように区分される．まず，「中小企業」とは，製造業の場合，資本金 3 億円以下または従業員 300 人以下，卸売業の場合，資本金 1 億円以下または従業員 100 人以下，小売業の場合，資本金 5 千万円以下または従業員 50 人以下，サービス業の場合，資本金 5 千万円以下または従業員 100 人以下，と分類される（「中小企業基本法」）．

表 **2.1**　中小企業庁が総務省・経済産業省「平成 **28** 年経済センサス－活動状況」を分析し，集計したもの

（2016 年 6 月現在）

	2014 年（企業全体に占める割合）	2016 年（企業全体に占める割合）	増減数（率）
中小企業・小規模事業者	380.9 万者 (99.7%)	357.8 万者 (99.7%)	▲23.1 万者 (▲6.1%)
うち小規模事業者	325.2 万者 (85.1%)	304.8 万者 (84.9%)	▲20.4 万者 (▲6.3%)
大企業	1 万 1110 者 (0.3%)	1 万 1157 者 (0.3%)	＋47 者（＋0.4%）
全規模（大企業と中小企業・小規模事業者の合計）	382.0 万者	358.9 万者	▲23.1 万者 (▲6.1%)

（中小企業庁. https://www.chusho.meti.go.jp/koukai/chousa/chu_kigyocnt/2018/181130chukigyocnt.html，最終閲覧日 2020.12.16）

表 **2.2**　上場企業数

（単位：社）
カッコ内は，うち外国会社

月末日	第一部	第二部	マザーズ	JASDAQ スタンダード	JASDAQ グロース	Tokyo Pro Market	合計
2020/11/30	2,177 (1)	480 (1)	333 (1)	665 (1)	37 (0)	40 (0)	3,732 (4)
2020/10/31	2,180 (1)	480 (1)	333 (1)	663 (1)	37 (0)	39 (0)	3,732 (4)
2020/09/30	2,176 (1)	481 (1)	328 (1)	663 (1)	37 (0)	36 (0)	3,721 (4)
2020/08/31	2,171 (1)	481 (1)	329 (1)	662 (1)	37 (0)	36 (0)	3,716 (4)
2020/07/31	2,173 (1)	480 (1)	326 (1)	663 (1)	37 (0)	36 (0)	3,715 (4)
2020/06/30	2,169 (1)	480 (1)	326 (1)	664 (1)	36 (0)	37 (0)	3,712 (4)
2020/05/31	2,170 (1)	483 (1)	322 (1)	665 (1)	37 (0)	37 (0)	3,714 (4)
2020/04/30	2,171 (1)	482 (1)	323 (1)	666 (1)	37 (0)	34 (0)	3,713 (4)
2020/03/31	2,166 (1)	484 (1)	326 (1)	666 (1)	37 (0)	33 (0)	3,712 (4)
2020/02/29	2,161 (1)	486 (1)	315 (1)	666 (1)	37 (0)	34 (0)	3,699 (4)
2020/01/31	2,159 (1)	489 (1)	315 (1)	668 (1)	37 (0)	33 (0)	3,701 (4)

（日本取引所グループ. "上場会社数・上場株式数". https://www.jpx.co.jp/listing/co/index.html，最終閲覧日 2020.12.25）

　これに対して，「**大企業**」とは，「中小企業以外」とされ，大規模な株式会社とは「資本の額が 5 億円以上または負債の合計金額が 200 億円以上の株式会社」（「商法特例法」），または「資本金 3 億円以上または従業員 300 人以上」の企業を言う.

　全企業の中で，株式を上場している，いわゆる「**大規模公開株式会社**」は 3732 社にすぎない（「公開株式会社」とは，株式譲渡に制限のないことを会社の約款で定めた会社であり，必ずしも「大企業」とは限らない）.

(2)　法人企業

　法人とは，一定の社会活動を営む組織体であり，法により権利義務の権利主体となることを認められたもの（法人格）を言う．法人企業とは，法人の中でも特に営利目的のものを指す．会社と企業とは区別されるべきであるが，本章では同一のものとして扱う．

(3)　企業理論の対象

　企業理論の対象は「大規模公開株式会社」である．一般に上場企業という言葉の方が理解しやすい．企業の大半を占める中小企業を直接扱わないのは，大企業は，数は少なくとも，その経済力が大きいからである（経営学には中小企業論という学問分野があり，また国には中小企業庁という役所があるが，大規模企業庁はない）．

第2節　生産関数としての企業

1.　企業とは何か－財・サービスの供給主体－

　資本主義市場経済は企業が財・サービスを市場に供給し，家計（消費者）が財・サービスを購入（需要）することにより成り立っている．企業はこの中で，社会的に有用な財やサービスを提供する経済主体である．企業は，土地や工場，機械設備を持ち，原材料を購入し，同時に労働者を雇用することにより財・サービスを生産し，市場に供給する．生産に必要な土地や工場，機械設備，原材料を一括して資本財（生産財）と呼び，雇用された労働者の提供する活動（これには，工場労働，経営管理，事務，会計，販売・広報活動，経営など全ての活動が含まれる）は労働と呼ばれる．両者は生産に欠かせぬものであるので**生産要素**と総称される．生産要素を購入する費用が生産費用である．企業をその生産活動の面から見れば，企業とは「財・サービスを市場に提供する経済主体」と定義され，その投入量（生産要素）と産出量の技術的関係を表す「**生産関数**」として記述される．

(1)　生産，生産要素，生産関数

　財・サービスの生産という側面から見れば，企業は生産物を市場に供給する「生産主体」と定義される．経済システムとは「生産－分配－消費－生産…」のサイクルを意味するが，サイクルの初発が「生産」活動である．経済学では「生産」とは「資本と労働の結合」を意味する．

　生産に必要な物的投入物には，原材料，石油・水・ガスといったエネルギー，機械設備，工場，土地といったものがあるが，一括して「資本（K : Kapital）」という（厳密に言えば，資本「財」というと「物」だが，「資本」というと，「資本財」の意味でも，資本金の意味でも用いられるが，生産関数を使う場合は，常に「資本」とは「資本財」を意味する）．

　ある財・サービスの生産には，一回の生産過程でその全てが生産的に消費される原材料・電気・水・ガスといったエネルギー，一回の生産過程ではその全てが消費されず，何回もの生産に使用され，徐々にその価値が失われていく機械設備，工場，土地といったものがあるが，この章では単純に全て「資本」として扱う．生産には人間労働の投入が必要であるが，これを L（Labor）の記号で表す．K および L は「生産一時間あたり」に生産的に消費される資本財と労働量とを表す．

　特定量の資本と労働との結合から生み出される最大量の生産物（Q で表す）の技術的関係を示す関数を「生産関数」という．もっとも単純な生産関数は，生産要素を資本と労働のみ限定すれば，以下のように表示できる．

$$Q = f(K, L) \quad K > 0, L > 0$$

通常，基本的な経済学では，この関数は具体的な形を与えられる．

$$Q = AK^\alpha L^\beta \quad 0 < \alpha < 1, 0 < \beta < 1, A > 0$$

　この関数は発見者の名をとり，コブ＝ダグラス型生産関数と呼ばれる．A はその企業の技術水準を表す定数であり，特に $\alpha + \beta = 1$ の時，生産は「**規模に関して収穫不変**」となる[1]．

$$Q = AK^\alpha L^{1-\alpha} \quad A > 0$$

　規模に関して収穫不変とは全生産要素の投入を例えば，2 倍とすると，産出量も 2 倍となることで，一般に全ての生産要素の投入量を X 倍とすると，産出量も X 倍となる．コブ＝ダグラス型生産関数は実際の生産過程を説明できる妥当性があり，また，数学的にも取り扱い易い．

　コブ＝ダグラス型生産関数は 3 次元関数なので，それを表面上で図示することは（よほどの画力がある人は別であるが）難しい．

　コブ＝ダグラス型生産関数は通常，ある生産要素に関して「限界生産力低減」を示す．「限界生産力」とは「他の生産要素の投入量を一定とし，ある一つの生産要素の投入を 1 単位増加した場合の生産物の増分」を意味し，「逓減」とは，生産要素の投入を 1 単位ずつ増やすと，生産物の増分が徐々に小さくなることを意味する．今，生産要素は資本と労働のみなので，資本投下量を一定とし，労働投下を 1 単位ずつ増やしていくと，生産物量と労働投下量の関係は図 2.2 のようになる．

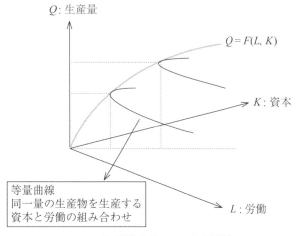

生産要素が 2 つの生産関数

図 2.1　コブ＝ダグラス型生産関数

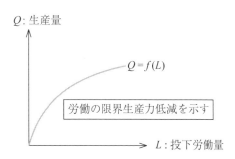

図 2.2　資本 K を一定とした場合の生産関数

2.　企業の行動目的　利潤最大化

　企業の活動の「目的」は「利潤最大化」と呼ばれる．これは消費者行動の目的が「効用最大化」であることと対になっている．利潤は次のように定義される．

---

[1] ちなみに，α は生産物の中で資本に帰属する割合（「資本分配率」），$1-\alpha$ は生産物の中で労働に帰属する割合（「労働分配率」）を表す．簡単に言えば，資本使用による「利潤」と労働による「賃金」である．

$$\text{利潤} = \text{収入（市場での販売額）} - \text{費用（生産費用）}$$

　収入（販売額）は生産量に価格（p）を乗じたものであり，生産費用は，生産に使用された生産要素にその価格（**生産要素価格**）を乗じたものである．生産要素価格とは生産要素の購入費用ではなく，生産要素を一定の時間使用する（または投入する）場合に，生産要素の持ち主に支払わられる「レンタル料金」である．例えば，トラック一台（これを資本財 1 単位とする）を借り，一時間使用した場合に，そのレンタル料金が 10000 円であれば，これを「トラックの生産要素価格」と呼ぶ．労働の場合，労働 1 時間を 1 単位とし，5 時間働き，5 時間分の給料 5000 円を貰えば，労働という生産要素価格は 1000 円/1 時間である．

　経済学における「費用」とは全て「機会費用（opportunity cost）」である．機会費用とは「或る行為を選択した場合に，断念された他の選択がもたらす最大の利益」を意味する（価格とは費用である．リンゴ 1 個に対して，100 円を断念してリンゴを購入するのであるから，100 円はリンゴ 1 個の「価格」であると同時に「（機会）費用」である）．機会費用は時間ターム（1 時間，1 週間，等々）で測られる．

　企業は利潤を最大化するために生産量を決定する．ここで，資本の生産要素価格を r，労働の生産要素価格を w とし，生産に投入された資本と労働の単位をそれぞれ，K と L とすれば，生産費用は $rK + wL$ 円となる．他方，生産量を Q，その価格を p とすれば，総収入は pQ となる．よって利潤 Π は，

$$\Pi = pQ - (rK + wL)$$

となる．利潤最大化の条件は「価格（限界収入）＝限界費用」となる生産物 Q を生産することとなる（この理由は標準的なミクロ経済学を参照せよ）．

　企業は利潤が「正」である限り，生産量を増やすが，生産物 1 単位あたりの利潤は徐々に少なくなっていく．やがて，これ以上生産量を増やすと，生産費用が収入を上回り，利潤が「負」となる．この限りなく利潤が「ゼロ」に近づく生産量（Q）と，その生産量に更に 1 単位余分に生産を行うと利潤が「負」となる生産量（$Q + 1$）の差を「財 1 単位（限界 1 単位）」とすると，その収入は $pQ = p \times 1$（単位）$= p$ 円となり，この時利潤は「ゼロ」となる．つまり，

$$0 = p - (rK + wL)$$

である．結局 $p = (rK + wL)$ となり，収入＝生産費用となる．この「限界 1 単位」を生産するのに必要な生産費用を「限界費用」（MC: marginal cost）といい，利潤がゼロとなる場合の「売り上げ収入」を「限界収入」（MR: marginal revenue）と呼ぶ．したがって，利潤最大化の条件は

$$p = \text{限界収入} = \text{限界費用}$$

となり，企業はある生産物 1 単位の費用が価格 p と一致するまで生産を続ける．あるいは，「価格（限界収入）＝限界費用」となる生産量（Q）を産出する．

3.　完全競争市場と利潤

　前項の利潤最大化条件は「完全競争市場」を前提としている．この仮定は以下の 5 つである．

（1）　企業規模が小さく，市場支配率は無視しえる程小さい．

（2）　企業の所有者が同時に経営者である．

（3）　経営者の役割は，生産要素（資本財と労働）の結合＝生産活動に極限されている．

（4）　株主は存在しない．

（5）　市場への参入・退出には費用がかからない．

　企業を生産関数として表すと，我々が普通「企業」と呼ぶものとはかなり異なったものとなる．生産関数は資本と労働と生産物の技術的関係なので，そこに経営者，株主は存在しない．人を欠いた，このような想定を満たす企業を「質点としての企業」と呼ぶ．「自由競争市場という大海に浮かぶ，小さな島」がそのイメージである．

　完全競争市場を想定した場合，前述のように，「利潤」は長期的にはゼロとなる．この理由は既に述べたが，もし，ある市場における企業の利潤が「正」であり，その市場への参入費用がかからないならば，他の市場で活動していた企業が参入し，その市場において全企業の利潤がゼロとなるまで生産量が増えることによる．利潤は短期的には正であるが，長期的にはゼロとなる．

4.　株主はどこに？

　前述までの企業はただ資本と労働とを組み合わせ，利潤が最大となるような生産量を決定するという「機械」のようなものであり，株主，経営者，労働者という人は存在しない．企業は組織，人の集合であるが，その「人」が存在しない．その意味で，生産関数で表記される企業はどのような企業にも妥当するが，現実性が欠けている．特に，企業の殆どが株式会社であることを考えれば，株式会社を取り扱えないというのは問題であろう．

　株式会社とは，出資者である「株主」と実際に会社経営を行う「経営者」の 2 人の人間の関係からなり，これは単純な資本と労働の関係ではない．株式会社を考える時には，前項で述べた「長期的には利潤はゼロとなるが，短期的には利潤は正である」を思いだそう．短期的には正であるこの利潤は「誰に帰属する」のであろうか．

（1）　資本の所有者　企業から費用が，資本の所有者に支払われる．つまり，資本レント[2]．

（2）　労働の所有者　企業から費用が，労働の所有者に支払われる．つまり賃金．

　では利潤は？　　出資者がいて，資金を提供し，生産が行われ，企業にとっては「費用」であるが，資本と労働の所有者には「収入」となるものは分配される．利潤はしたがって，株主に帰属すると考えるのが普通であろう．前項で提示された「利潤は誰のものとなるのか？」について言えば，これは企業の所有者である株主のものとされる．株主が企業の所有者であると言う場合注意が必要であるが，ここでは単純に会社設立のための資金の提供者として株主を見なせば，株主は企業の「所有者」であるということができる（次節参照）．したがって，第 3 項で定義された企業の行動目的である利潤最大化とは，株主に帰属する利潤を最大化することと同じであり，最近では企業の行動目的を株主価値最大化という場合もある．前提として，企業の行動は合法的でなくてはならない．にもかかわらず，企業行動は時として違法なものとなる可能生がある．この可能性は企業が株式会社の形態を取る場合に，つまり，株式会社という組織に内在するものである．次節では株式会社とはどのようなものであり，なぜ，企業行動の制御が必要であるかを

---

[2] レント（rent）とは元来，地代のことであるが，資本財一単位の「賃貸料」も同じ言葉を用いる．

考察する.

第3節 株式会社としての企業

　企業の大部分は「株式会社」であるが，生産関数で表記される「企業」には，株主も経営者も存在しない．このことは，企業を生産関数として理解することは，全ての企業に共通な本質であるが，現実の株式会社を説明できない，という問題点があることを示している．本節では株式会社とは何かを考察することを通じて，企業統治の必要性がどのように生じるのかを説明しよう．

1. 株式会社とは何か

　現代の企業はその多くが株式会社の形態をとっている．企業を設立するためには，資金が必要であるが，企業を設立しようとする個人の資金のみで設立に必要な資金を賄うことはまれである．資金調達の容易さという観点から，出資者が資金を出し，これを「資本金」として，「企業」が設立される．出資者は企業が事業を行うために必要な資金をほかの企業や個人から集めるために発行する証券である「株式」を出資額に応じて取得する．

　株式会社とは，株主からの出資金に基づき，**委任**（後述）を受けた経営者（取締役）が経営を行い，利潤を株主に配当する法人組織である．株主は出資金の範囲内で責任を負う（有限責任）．株式会社の一般的性格としては法人格（契約の主体となることが法によって認められた組織）を持ち，「法人企業」と呼ばれることもある．

2. 株式会社における所有と経営の分離

（1）委任関係

　企業が株式会社の形態を取ると言うことには重大な意味がある．株式所有者は企業の経営には直接携わらず，企業経営はもっぱら経営者に委ねられるということである．経済学の人間行動の基本原理は「人は自己利益を追求する」ということである．説明の必要もない程「自明」な言葉であるが，自己利益を追求するということは，「自分」が「自分」で「自分」の利益を追求することである．しかし，株式会社はそうなっていない．実現されるべき「利益」は株主の利益であり，実現するのは「経営者」[3]である．つまり，私の「利益」を「あなた」が実現することであり，なぜ，あなたが「私」の利益を実現するのかは，私があなたに，私の利益を実現するように「依頼」し，あなたが同意したからである．ある経済主体が代理人を定め，自分のために用役・サービスを提供してもらう関係にあるとき，代理人を「エージェント（Agent）」，依頼人を「プリンシパル（Principal）」と呼ぶ．法的には両者は**委任関係**にある（民法第364条）．これは株式会社論では重要な経済理論であるが，この関係については後述する．

　生産関数として表記される企業においては株主も経営者も存在せず，企業経営者は同時に企業の所有者であると想定されていたが，株式会社においては，企業の所有者である株主と経営を行う経営者とは分離

---

[3] 経営者とは，「役員」つまり，取締役，会計参与，監査役および委員会設置会社での執行役を意味する．

する．このような事態を「**株式会社における所有と経営の分離**」と言う．所有と経営とが分離した株式会社においては，法的な所有者は株主であるが[4]，実際の経営を行うのは経営者である．株主は株式会社の最高意志決定機関である株主総会を構成し，株主総会は，取締役＝経営者を選出し，企業経営の権限（裁量権）を委譲する．経営者は株主の利益を実現することが義務となる．

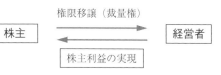

図 2.3　株主と経営者の「委任関係」

この「委任関係」において，株主に与えられる「権利」は，1）剰余金の配当を受け取る権利，2）剰余財産の分配を受け取る権利，3）株主総会における議決権の3つである（会社法第105条）．他方，この委任関係から生じる経営者が負うべき主要な法的「義務」とは，1）善管注意義務，2）忠実義務，3）報告義務等である（後述）．

「経営者は株主の利益を実現することが義務となる」と述べたが，実際の会社の経営に携わるのは「経営者」であり，株主の「利益」は配当，株主優待，株の売却益であり，会社経営には興味をもたない．この事情により，株式会社では「**所有と経営の分離に基づく経営者支配**」という事態が生まれる．「支配」とはここでは，「他人の意思に拘わらず，己の意思を貫徹する力」（ウェーバー）としておく．

(2)　「経営者支配」

株主と経営者の関係は法的な委任関係にあり，経営者は株主の利益を実現するべく企業経営を行うことが義務づけられているが，実際の企業において企業経営者は経営の専門家として力をふるう．他方，株主は経営には関心がないので，どのような経営が実際に行われているかに興味はなく，また，理解もない．株主の関心は「株価」（配当）であったり，株主優待であったり，株の売却益であり，これらが実現されるのであれば，当該の企業がどのように経営されるかにはあまり関心も持たないし，また経営能力も欠いている．したがって，実際の企業経営者が経営において力をふるい，企業を支配しているかのような事態が生じる．これが，「所有と経営の分離に基づく経営者支配」[4]と呼ばれる事態である．

企業所有者である株主の企業支配力が弱まった原因として以下のものがあげられる．

1)　株式所有の分散化と株主総会の形骸化

　　株式所有が分散化し，個々の株主の所有する株式数は全発行株式数に比して微々たるものとなった．これにより株主総会の形骸化が生じた．

2)　株主の会社経営に対する無関心

　　株主所有者の関心が会社経営ではなく，配当あるいは株の売却益であるため，会社経営そのものに対する関心が弱まった．

3)　株主の会社経営に関する専門知識の欠如．

　　会社経営には専門の経営知識が必要であるが，株主は必ずしもそのような専門知識を持たないため

---

[4] 経営者支配とは，「上位株主の株式所有が15％に満たず，なおかつ，過半数の議決権を組織化できる集団が存在」しない場合，経営者が企業経営を専権的に任され，当該企業を「実効支配」している状態を意味した．バーリ＝ミーンズによる萌芽的研究である『現代株式会社と私有財産』では，アメリカ上位500社（金融機関を除く）のうち，45％がこの経営者支配であるとした（バーリ＝ミーンズ『近代株式会社と私有財産』森杲訳，北海道大学出版会，2014年.）

に，会社経営を専門経営者に委ねざるをえなくなった．

以上の理由により，経営者がその能力，専門知識，経験において，所有者である株主に代わり，企業経営の実権を握り，経営者の意思決定が企業の意思決定となる事態，つまり「経営者支配」がうまれたのである．

(3)　「残余」請求者としての株主

株式会社における「株主」は特異な性格を持つ．生産関数としての企業を論じた際に，利潤を以下のように定義した．

$$利潤 ＝ 収入 － 費用$$

長期的にはこの「利潤」はゼロとなるが，短期的には「正」である．この「正の利潤」の帰属先が「株主」である．利潤は総収入から契約で定められ，その支払が義務である諸々の費用－賃金，原材料購入費，負債支払等－を引いた残りなので**「残余」**と呼ばれる．株主はこの「残余」を取得する権利があるので**「残余請求者」**とも呼ばれる．この部分が常に「正」とは限らない．最初に義務的経費を支払った残りであるので，ゼロともなりえ，その場合，株主は出資金を全て失うという可能性もある．このような「リスク」が株主にはあるので株主は「リスク負担者」でもある．

伝統的な経済学理論においては，企業の行動目的は利潤最大化である．株式会社においては，この利潤とは株主に全て分配されるべきものである．しかしながら，企業が安定した利潤を上げるためには利潤の中で一定の割合を内部留保し，投資に回すべきであろう，と考えるのは自然である．経営者の立場からすれば，投資に回すべき部分が多い方が，自らが経営する企業の長期的な利益となる．したがって，利潤の中で株式配当として株主に分配される部分を減少させ，内部留保を多くしたくなろう．しかしこれは，少なくとも短期的には株主の利益に反したことになる．株式会社における所有と経営の分離は，経営者利益と株主利益とが必ずしも一致しないという事態をもたらす企業が大規模化し，株式所有が分散化するにつれて，株主総会の力は弱まり，その代わりに，経営者の力が増す．企業の目的は，利潤獲得であるが，本来この利潤は全て，企業の所有者である株主に配当として分配されるべきものである．しかしながら経営者としては，企業の長期的な発展のために，利潤の一部を企業内に留保しておきたいと考えるとき，株主の利害と経営者の利害が対立する．日本の大企業では利潤のうち，40%程度が配当され，残りは「内部留保」される．

3.　経営者と株主の関係に関する経済理論

(1)　プリンシパル－エージェント関係

株式会社が単なる企業と異なるのは，株式会社では，利潤を実現するべく行動する人＝経営者と実現された利潤を受け取る人＝株主が別人であるという事態である．経済学では，このような他人の利益を実現するために行為する人を**「エージェント（代理人）」**といい，その利益の実現をエージェントに委ねる人を**「プリンシパル」**と呼ぶ．もう一度株式会社における株主と経営者の関係を見てみよう．

この関係では経営者は株主からその利益を実現することを「委託」「委任」され，経営者は，この「委

託」「委任」に応えることが「法的義務」となる．ここでは経営者は株主によって権限を委譲され，株主の利益の実現を委ねられている．つまり，株式会社における経営者は株主のエージェントであり，株主はその利益の実現を他人に委ねる人，プリンシパルである．このような関係が「プリンシパル—エージェント関係」と呼ばれる．経済理論では株式会社を「**プリンシパル—エージェント関係**」と把握する．この関係にあるエージェント側には際だった特性が生じる．経営者は株主利益の実現のために「一定の範囲で自由に意思決定できるという裁量権」が与えられる．会社経営において日々の経営判断について，逐一株主総会を開催し，株主の判断を仰ぐということは実際的ではないし，また，専門家ではない株主も判断に困る．したがって，「一定の範囲」で経営者に「裁量権」が権利として付与される．

　株式会社では，経営者は委任された株主の利益の実現のために，会社経営を行うということが前提となっている．もし，実際がこの通りであれば問題はないであろう．

(2)　委任関係における利害の対立

　委任関係の問題性は，経営者利害と株主利害が対立する可能性があるということである．特に経営者支配のもとでは，株主利益に反する形で企業経営がなされるかもしれない．経営者と株主の利害対立の可能性のもとで，いかにこの「株主への義務」が果たされるのか．この義務の遂行を保証する仕組みをコーポレート・ガバナンス（後述）というが，経済学的にはこれは，「プリンシパル—エージェント問題」と呼ばれる．

　経営者と株主の利害が一致していれば，委任契約により，経営者は忠実に株主の利益を実現するべく行動するであろう．しかしながら，この一致は実は期待できない．というのは，経営者と株主の利害関心は異なるのが普通であるからである．このような異なる利害関心を持った諸個人が取り結ぶ契約において何が生じるか，また，契約内容を忠実に履行させるために何が必要かを分析するのが「プリンシパル—エージェント問題」である．

　「プリンシパル—エージェント関係」にあるエージェントはプリンシパルの利益を実現することが「義務」となり，他方，エージェントはプリンシパルに一定の権限（「裁量権」）を与える．この裁量権の範囲内で，エージェントは意思決定の権利を有する．このような関係は社会に広範に見られる．例えば，

1)　株主（P）—経営者（A）
2)　依頼人（P）—弁護士（A）
3)　患者（P）—医師（A）

　もし，エージェント側がその専門知識，経験を利用して，本来その実現を図るべきプリンシパルの利益を損なうような行為を取ることはないのか？　委任関係においては，プリンシパルとエージェントの2人の人間が存在する．当然，エージェンには「自分の利益を実現したい」という誘因が残る．一般に，「個人や組織が他者のために行動するようにいかなる動機・誘因を与えたらよいのか」の問題は「**プリンシパル—エージェント問題**」の重要な課題の一つである．当事者がこのような関係にある場合生じる問題とは，エージェントは果たして誠実に，正直にプリンシパルの利益を実現するために行為するのだろうか？　という問題である．あるいはさらに，エージェントがプリンシパルの利益を犠牲にして自分の利益の実現を

図る恐れはないかという問題である．このような問題は常に生じる．

(3) プリンシパル―エージェント問題

プリンシパル―エージェント問題とは，プリンシパルがエージェントの行動を監視できない状況下で，エージェントが契約＝委任契約を実行せず，この関係を利用して，エージェント自身の利益を追求するという事態を言う．この問題の原因は以下の点にある．

1）エージェントに固有な利害関心の存在．プリンシパル―エージェント問題の本質は，エージェント側の利害関心がプリンシパルの利益に直接影響するという点にある．つまり，エージェントは固有な利害関心を持っており，プリンシパルの利益実現のために行動することが必ずしも，エージェントの利益と一致しないかもしれない．

2）行動の観察不可能性―情報の非対称性　エージェント側の行動がプリンシパルによっては直接監視できず，また，プリンシパルは，エージェントの行為がプリンシパルの利益を実現するための適切なものかどうか判断できない（情報の非対称性）．これは，エージェント側に一定の裁量権が与えられることにより一層困難になる．つまり，エージェントの行為は裁量権の枠内における行為であるのか，あるいは，それを逸脱したものであるのか，プリンシパルには判断できない[5]．

　プリンシパル―エージェント問題はエージェント側の機会主義（合法，非合法を問わず，あらゆる手段を尽くして自己の利益を追求すること）の抑制の必要性を示している．しかし，同時に，人の良心（エージェント側）に訴えかけなくとも（「盗みは悪いのでやめよう」），適切な制度・仕組みを導入すれば，人間の最も悪い部分（これを敢えて想定する）を反映する行為も，無害なもの，有益なものに変化できることを示している．逆に，このような適切な制度，仕組みがない場合には，人間の最悪の部分が発揮される「可能性」がある．上述のような，人の行動を誘導して，「好ましい」結果を得ることを目的とした制度，仕組みの総称を「**ガバナンス**」と呼ぶ．市場やコーポレート・ガバナンス（後述）はこの一つである．コーポレート・ガバナンスは株主―経営者のプリンシパル―エージェント関係において生じる経営者の機会主義的行動の抑制のための制度である[6]．

4. コーポレート・ガバナンス　経営者行動の制御の必要性

　「プリンシパル―エージェント関係」においては，経営者（エージェント）側に常に，自分（エージェント）の利益を実現したいという誘因が生まれる．利潤は本来全額が株主に帰属すべきだが，その一部を会社の発展・成長のための投資資金として内部留保しても，必ずしも株主の利益を損なうことにはならない．「会社のため」に行う行為は必ずしもエージェントの「自己利益追求」とは限らない．しかし，会社利益，株主利益のために経営上の裁量権を行使する場合，「一定の範囲」を限定することは不可能である．「プリンシパル―エージェント関係」は「委任」を基礎としているが，裁量権の逸脱，つまり株主利益，会

---

[5] 1），2）双方の要因により，エージェントにおける機会主義的行動が生まれる．株主と経営者の関係で言えば，経営者の機会主義的行動である．プリンシパル―エージェント関係に基づく経営者の機会主義はしばしば「**モラル・ハザード**」と呼ばれる．

[6] 機関設計という形によらずに，経営者の行動を律する方法がある．適切な報酬構造―インセンティブ契約を結ぶことである．これにより，株主の利益と経営者の利益が一致するように経営者行動を導くことができる．この種の報酬構造は「インセンティブ契約」と呼ばれる．ストックオプション制度はこの「インセンティブ契約」の一つである．

社の利益ではなく，自分の利益のために経営を行う「背任」の可能性は常にある．

　経済理論では，企業行動は合法的でなくてはならないと但し書きを付けないのは，企業行動が合法的，遵法的であるのは当然の前提となっているからである．しかし，現実では，企業犯罪，不祥事が多発している．多くの場合，企業犯罪，不祥事は経営者が引き起こす．このような企業犯罪，不祥事は経営者や従業員がたまたま良心を欠いているから生じるわけではない（もっとも良心を欠いた経営者は確かに存在する）．株式会社は特有な構造を持ち，この構造のために経営者は時として違法な活動に走るのである．このために，経営者の専断，横暴，独走をいかに防ぐかが大きな問題となる．この経営者の専断，横暴を防ぎ，企業が適切な行動を取るようにする仕組みが必要であり，この仕組みにより企業行動が適切な形に制御される．この仕組みは**コーポレート・ガバナンス**（Corporate Governance 企業統治）と呼ばれる．

(1)　経営者行動の制御の必要性

　コーポレート・ガバナンスとは，「企業経営を監視し，必要な場合には経営体制の刷新を行い，経営上の効率性と遵法性を確保するための制度」である．最も単純な定義は「経営者行動の監視，規律付け」である．1990 年にいわゆる「バブル経済」が崩壊し，それまでの「日本株式会社」体制はもはや通用しないことが明らかになった．この時，日本企業に多くの「不祥事」が発覚し，日本企業における「ガバナンスの欠如」が問題となり，二度の商法の改正を受け，2005 年に「会社法」が制定され，その中で「機関設計」という条文で，企業にはガバナンス体制の整備が求められた．会社法は 2014 年に大きく改正され，それまでの「機関設計」が見直され，新しいガバナンス形態が導入された．以下の表 2.3 は商法改正，会社法制定等の経緯の一覧である．

表 2.3　日本のコーポレート・ガバナンスは **1990 年代**から始まる

1990 年	大蔵省（当時）不動産融資の総量規制	バブル経済崩壊 企業不祥事多発
1996-2001 年	金融ビッグバン	資本市場のグローバル化対応
↓　監査の強化の方向		
2001 年	商法改正	監査役の取締役会出席義務化 監査役の半数以上を社外監査役
2002 年	商法改正	委員会等設置会社制度導入
2005 年	会社法制定	委員会設置会社（委員会等設置会社から名称変更）制度導入
2014 年	会社法改正（15 年施行）	監査等委員会設置会社（新設）制度導入 指名委員会等設置会社制度導入
2010 年代	「攻めのガバナンス」論	日本版「スチュワードシップ・コード」　→機関投資家の行動原則 日本版「コーポレート・ガバナンスコード」　→企業向けガバナンス原則

　コーポレート・ガバナンスは主として以下の 2 つの目的をもつ．

1)　企業経営の効率性：株主の利益を最大化するように適切に経営が行われているか．

2)　企業経営の合法性：企業経営が遵法的に行われているか．

コーポレート・ガバナンスの必要性が強く意識され，主張され始めたのは比較的最近1990年代のアメリカにおいてである．コーポレート・ガバナンスの必要性の議論では，(a) 企業の所有者は誰か？　(b) 企業の最高意思決定者（主権者）は誰か？　(c) 企業は誰の利益を実現するべきか？　等を巡って現在でもなお，議論が続いている．企業の所有者は株主であり，株主の構成する株主総会が企業の最高意思決定機関であり，したがって，企業は株主の利益を実現するべきだとするのが経済学の主流の考えである．コーポレート・ガバナンスの本質は上述の「プリンシパル－エージェント問題」からわかるように，経営者（取締役）行動の監視，制御である．株主は経営者の行動が「見えない」ので，株主に代わり，経営者行動を監視する（「モニタリング」する）人間が必要である．これが「監査」役である．最も単純なガバナンスの形を下に示した．

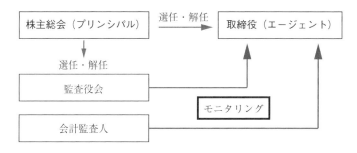

図 2.4　最も単純な「ガバナンス」組織

コーポレート・ガバナンスの中心は「経営者行動の監視，制御を行うモニタリング」であり，株主に代わりこの働きをするのが「監査役」である．

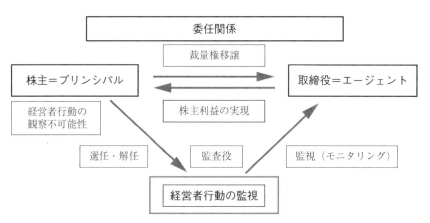

図 2.5　監査役による経営者行動の「監視」

国はバブル経済崩壊後の企業不祥事の続発を受け，2005年に「会社法」を制定した．そこで「機関設計」という条項を作り，各企業に導入を義務化した．機関設計の形態は企業の規模，株式の公開・非公開などの観点により40種類近くになり，大規模公開会社に対しては，(a) 監査役会設置会社　(b) 委員会設置会社の選択を義務付けた．委員会設置会社は欧米企業のスタンダードであり，日本政府は「グローバ

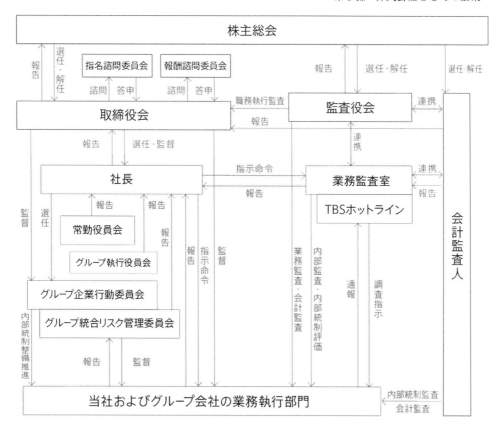

図 2.6 監査役会設置会社（TBS）

（TBS ホールディングス．"TBS グループのガバナンス体制の概要". https://www.tbsholdings.co.jp/about/governance/outline.html. 最終閲覧日 2020.12.15.）

ル・スタンダード」なガバナンスを導入しようとした．これに対し，日本企業の伝統的なガバナンス形態が「監査役会設置会社」である（図 2.6）．

(2) 監査役会設置会社

図 2.6 は監査役会設置会社の具体例である．コーポレート・ガバナンスは，株主総会，取締役会，監査役会を基本とし，エージェントである「取締役」を監査役が「モニタリング」し，経営者行動の規律付けを行う．監査役および会計監査人は株主総会により選出また解任される．以下図 2.6 を基に若干の説明を加えよう．

1) 株主総会

株式会社において，株主総会は，株式会社の所有者である株主により構成されている意思決定機関である．株主総会は，取締役・監査役の選出および解任を行い，また経営方針についても決定権を持つので，最高意志決定機関である[7]．

---

[7] 株主総会の「権限」：株主総会で決定することになっている事柄としては，取締役・監査役の選任・解任，計算書類の承認・利益配当，取締役・監査役の報酬，さらに合併・分割・株式交換・株式移転・資本減少・定款変更・解散といった会社の基礎の変更に関する事項がある．

2）取締役会と代表取締役—業務執行に関する会社の意思を決定し，かつ取締役の業務執行を監督する—

　法律上取締役が決定すべき事項は，株式分割，新株発行，株主総会の招集，代表取締役の選出・解任等であり，これ以外にも会社法および定款が株主総会の権限としている事項を除いて，取締役会は基本的には会社の業務全般について決定する．また業務執行の意思決定を下位の機関（たとえば常務会など）に委ねることも原則としてできるが，重要な財産の分譲・譲受，多額の借財などの重要な業務執行については必ず取締役会で決定しなければならない（会社法第362条②）．前述したように，会社と取締役との関係は「委任関係」（会社法第330条）にあり，「委任」契約において，取締役（受任者）は，委任を受けた趣旨に従い，

　（a）「善良な管理者の注意をもってその任務にあたる義務」，つまり，「善管注意義務」を負う（民法644条）．善管注意義務とは，会社経営に関して通常必要と考えられる一般的，平均的な注意義務を言う．

　（b）第2は「忠実義務」，つまり，「法令，定款及び総会の決議を遵守し，会社のため忠実にその職務を遂行する義務」，（会社法第355条）を負う．「忠実義務」とは，取締役がその地位を利用し，会社の利益を犠牲にして自己または第三者の利益をはかってはならない義務，と理解される．

　（c）取締役の第三の基本的義務は「報告義務」であり，「会社に著しい損害を及ぼすおそれのある事実があることを発見したときには，直ちに当該事実を株主（または監査役）に報告する義務である（会社法第357条①）．

　代表取締役であれ平取締役であれ，この「善管注意義務」，「忠実義務」，「報告義務」を基本にして，会社の業務を的確に把握し，取締役会の構成員として会社の適切な業務執行の決定に加わり，他の取締役の職務執行が適正に行われるよう監視，監督する，これが取締役としての職務であるとされる．

3）監査役と監査役会—業務監査—

　株式会社の経営権限が取締役（取締役会・代表取締役）の手に委ねられることは，効率的な会社経営のために必要であるが，取締役が株主の利益に反するような不適切な経営を行う危険がある．しかしながら株主が常時それを監視することは困難であり，そこで，株主に代わって取締役の業務執行を監視するのが監査役である．監査役会は全ての監査役から構成され，監査業務の実施方法等について決定（「**業務監査**」）し，公認会計士または監査法人を会計監査人に選任し，**会計監査**を行わせなければならない．

4）会計監査人

　株式会社は，公認会計士または監査法人を会計監査人に選任し，会計監査を行わせなければならない．外部者による会計監査は当然のことのように思われるが，最近，企業経営を会計面から監視するべき監査法人が監査すべき企業の粉飾決算に荷担するという事件が生じた．これは監視人を監視するのは誰か，という問題であるが，改正を続ける会社法においてもこの問題に対して有効な解決法は示されていない．

（3）委員会設置会社

　監査役会設置会社は従来の日本企業のガバナンス形態であり，監査役会が十分にその機能を果たしていないことを理由に，国としてはこれに代わり，欧米のスタンダードである「委員会設置会社」の導入を各企業に促したが，この委員会設置会社を採用する日本企業は1割にも満たなかった．委員会設置会社移行

した上場企業にはソニー，東芝，三菱電機，日立製作所，イオン，オリックス等がある．

(4)　欧米型の「委員会設置会社」

　国がスタンダードとして導入を目指したコーポレート・ガバナンスは欧米の「委員会設置会社」である．アメリカ型コーポレート・ガバナンスの特徴は以下のものである．

　1）統治と執行の分離：日常の業務は，執行役（CEO を頂点とする）に一任され，取締役会は，執行役（経営幹部）の選任人事，基本的企業戦略の策定，執行役の監視を行う．執行役とは，最高経営責任者（CEO），最高執行責任者（COO），最高財務責任者（CFO）等．その権限は，取締役から委任された業務の執行事項の決定および執行である．

　2）取締役の過半数を外部取締役が占める必要はないが，各委員会では，過半数が独立した外部取締役が占める必要がある．

　3）取締役会から独立した報酬委員会（取締役の報酬の決定），人事委員会（執行役の選出，解任），監視委員会（執行役の監視），訴訟委員会（株主代表訴訟に対応）財務委員会を設ける．

　4）CEO の権限集中を排除．特に，CEO が取締役会長を同時につとめることは望ましくないとされる．

　この欧米式の委員会設置会社の眼目は以下の 3 点である．

1)　マネジメント（経営）とガバナンス（監督・統治）の分離

　日常の業務は，執行役（CEO を頂点とする）に一任され，取締役会は，執行役（経営幹部）の選任人事，基本的企業戦略の策定，執行役の監視を行う．取締役会の権限は経営の基本方針の決定，意思決定と個々の取締役及び執行役による職務執行の監督である．委員会設置会社における取締役は原則として業務

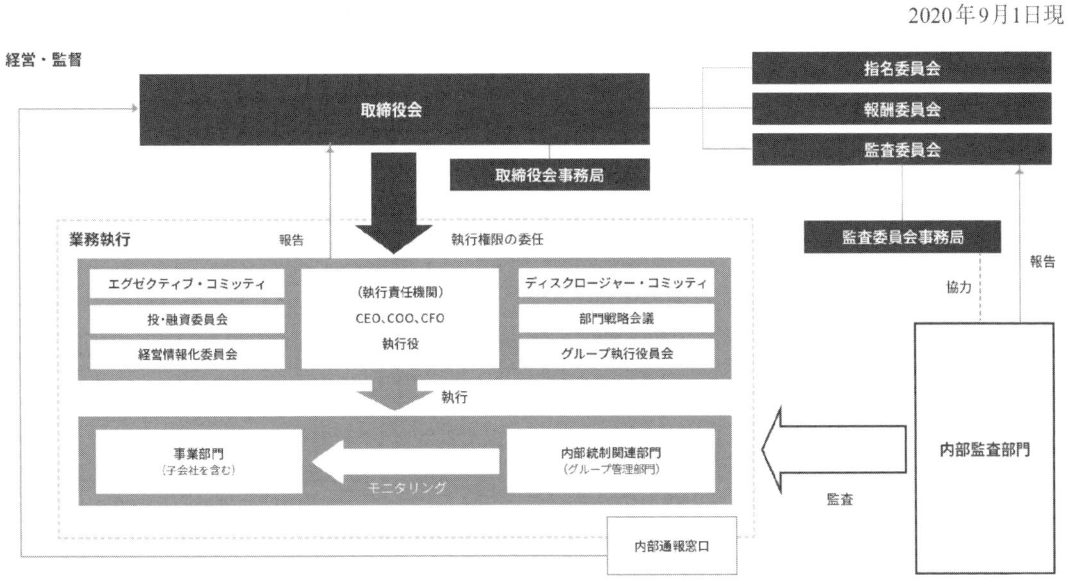

図 2.7　指名委員会等設置会社（オリックス）

（オリックス．"コーポレート・ガバナンスの概要"．https://www.orix.co.jp/grp/company/ir/governance/structure/overview.html，最終閲覧日 2020.12.15．）

の執行をすることはできず，それは執行役にゆだねられる．ただし取締役は原則として執行役を兼任することができ，それが通例である．また委員会設置会社の取締役会においては社外取締役が業務適正化の要となっている．

2)　「委員会」設置

委員会設置会社の名称の由来は，取締役会から独立した，委員の過半数を社外取締役が占める，報酬委員会（取締役の報酬の決定），人事委員会（執行役員の選出，解任），監視委員会（執行役員の監視）の設置が義務付けられているからである．

取締役会の中には指名委員会，監査委員会，および報酬委員会の 3 つの委員会を必ず設置しなければならない．これらのうち一つでも欠いてはならないが，新たな委員会（例えば訴訟委員会や顧客対応委員会など）を設けても構わない．各委員会の委員は取締役会決議で選ばれた 3 名以上の取締役で構成されるが，どの委員会にも属さない取締役をおいても差し支えない．また，各委員会とも過半数は社外取締役でなくてはならない．各委員会は次の役割を持つ

(a)　指名委員会－株主総会に提出する取締役の選解任に関する議案内容を決定する．

(b)　監査委員会－取締役および執行役の職務が適正かどうかを監査し，株主総会に提出する会計監査人の選解任・不再任に関する内容を決定する．

(c)　報酬委員会－取締役および執行役の個人別の報酬内容，または報酬内容の決定に関する方針を決める．

3)　社外取締役（非執行役員）

各委員会を構成する取締役の過半数は社外取締役でなければならないが，取締役会全体としては過半数でなくても構わない．また，監査委員となる取締役は当該会社及びその子会社の執行役や従業員を兼ねる事ができない．

以上から，以下のメリットがあると主張されてきた．

（a）委員会設置会社の最大のメリットは「監督と執行の分離」の徹底（企業運営の執行の責任者である代表執行役・執行役と，代表執行役・執行役を監督する立場にある取締役会の役割分担が明確）による企業統治の実質化．

（b）業務執行の意志決定の執行役に委ねることによる経営の迅速化．

（c）従来型の監査役会設置会社に比べ，国際的に認知度の高い仕組み．企業統治格付けでは，監査役会設置会社より，高いポイントが付与される．

他方，デメリットとしては以下の点が挙げられる．アメリカ型コーポレート・ガバナンスにより企業の不祥事がアメリカでなくなったわけではない．統治と執行の分離というガバナンス原則がアメリカにおいて貫徹されているわけではない．CEO が同時に取締役会長であるような大企業は多い．つまり，CEO＝取締役会長では監査体制が不徹底である．ちなみにイギリスでは別人であることが義務付けられている．

取締役会の質の問題もある．社外取締役を過半数含む取締役会の開催は年数回であり，開催時間は短時間である．また，社会取締役が他社の CEO である場合も少なくない．この場合，CEO は社外取締役を持

ち合っているのである.

(5)　会社法改正

「会社法」は 2014 年に大きく改正され（2015 年施行），大規模公開株式会社の「機関設計」は以下の 3 つのものとなった. 日本企業はほとんどが「監査役会設置会社」であり，指名委員会等設置会社は少ない. 監査役会設置会社は会社法改正以前の監査役会設置会社とほぼ同じで，監査役会に「過半数は外部取締役」が入った. 指名委員会等設置会社は，当初の委員会等設置会社→委員会設置会社からさらに「指名委員会等設置会社」に改正された. 原形は欧米の「委員会設置会社」である. しかし日本企業で「指名委員会等設置会社」を採用する企業は少ない. 監査役会設置会社と指名委員会等設置会社の「妥協」形態が「監査等委員会設置会社」である.

2018 年現在，一部上場企業で監査役会設置会社が 1529 社（73%），監査等委員会設置会社が 513 社（25%），指名委員会等設置会社が 60 社（3%）となっている（江川，2018，159 頁）. 一見してわかるが，会社法改正の度に機関設計が変更され，どこまで実効性があるのか不明となっている.

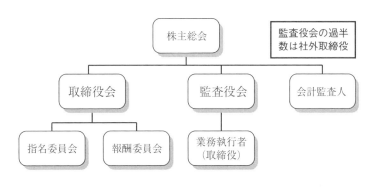

図 2.8　監査役会設置会社

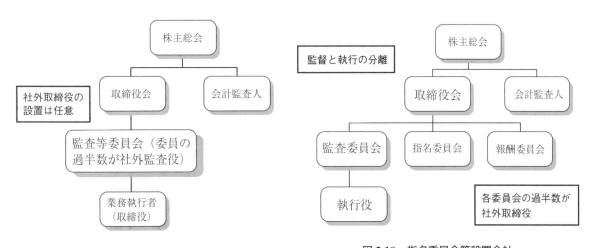

図 2.9　監査等委員会設置会社　　　　　図 2.10　指名委員会等設置会社

第4節　組織としての企業

　これまで「生産関数としての企業」と「株式会社」を見てきたが，株主と経営者とが登場する株式会社でも，何か物足らない？　　従業員はどこにいるのか？　　「会社員」はどこに？

　日常，我々はある企業に勤めている人を「会社員」と呼び，また自らそう名乗り，名刺には企業名，部署，そして役職が書いてある．係長，課長，部長，専務・常務，社長，会長等である．前節で述べた株式会社との関係で言えば「代表取締役兼社長」と記載しているものもある．しかし，株式会社には「取締役」は存在するが「社長」はいない．「社員」もいない．これは一体どういうことか？

1.　階層性 （hierarchy）

　企業を特徴付けるものは「階層性」の存在である．階層性とは一般に，上位者の命令，指示に下位者が従うシステムを意味する．この場合，上位者は下位者を「支配」する．

　「支配」とは，「ある内容の命令を下した場合，特定の人々の服従が得られる可能性」（ヴェーバー）を意味し，下位者の意志にかかわらず（受容するにせよ，抵抗するにせよ，無視するにせよ），上位者の意志が貫徹される場合（「権力」），上位者は下位者を「支配」する（ヴェーバー）．したがって，階層性とは，上位者の意志が下位者の意志，行動を支配し，下位者は上位者の命令に服従する，支配―服従の関係を意味する．

　図2.11が「会社」のイメージに最も近いが，この図には株主―取締役が書かれていない．株主―取締役関係をも加味したイメージを作れば，以下のようになる．

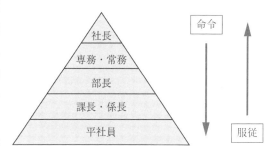

図2.11　階層性

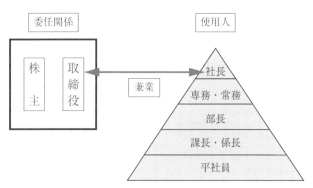

図2.12　株式会社と「使用人」

　多くの株式会社では「社長兼代表取締役」，「常務兼取締役」等となっているが，社長，専務・常務，部長などは会社内部の職名であり，設置が義務付けられている訳ではない．また取締役と社長，専務とが同

一人物である必要はない．社長以下平社員までは「使用人」に過ぎず，「社員」ではない．正確に言えば，株式会社の「社員」（社団員の意味）とは「株主」であり，日常的な「社員」は，単に「使用人」に過ぎず（「商業使用人」（商法第 20 条）），社長は「筆頭」使用人（「支配人」）である．株式会社の「本体」は株主ー取締役の「委任関係」であり，実際の会社の業務は「使用人の団体」が行っている．

　話がわかりづらくなるのは，代表取締役が「社長」を，取締役が「専務・常務」を，監査役が「部長」を兼業できることから生じる．「委任関係」は契約関係なので両者は権利的には平等である．しかし，使用人の集団には「上意下達」の階層性がある．使用人の筆頭である「番頭」という言葉は 2005 年の商法改正まで法律用語であった．番頭ー手代ー丁稚・小僧といえば，江戸時代を舞台にした商家を描写する際によく目にするが，商家の「主人」は使用人ではない．組織からみた企業とは財・サービスの提供を目的として作られた，人と資源の集合体で，一つの管理組織のもとに置かれたものと定義できよう．

2.　組織の理論

　企業をこのような階層性を支配ー服従の関係として把握するのは日常的な「会社」のイメージに合っているのでわかりやすい．階層性が貫徹されている組織は軍隊であり，会社員を「企業戦士」と表現する時代もあった．しかし，企業は（この場合，使用人の「団体」）は単に階層的団体として把握すれば，十分であろうか？　　人間の集団としての企業を「階層関係」とは違った観点で定義したのがバーナード『経営者の役割』（1938 年）である．バーナードの組織理論は「誘因と貢献のメカニズム」として知られている．

(1)　「公的組織」の概念

　バーナードは，「公的組織」（その代表が企業である）を，次のように定義した（以下，引用文はバーナード『新訳 経営者の役割』山本安次郎他訳，ダイヤモンド社，2002 年による）．

　　　「公的組織とは，意識的で，計画的で，目的をもつような人々の相互間の協働である」（5 頁）「組織とは意識的に調整された人間の活動や諸力の体系として定義される」（75 頁）「公的組織を二人以上の人々の意識的に調整された活動や諸力の体系であると定義する」（76 頁）

　企業は「公的組織」を代表するものであるが，以下の特徴を持つ．
1)　共通目的を持つ．
2)　共通目的実現のための人々の協働体系である．
3)　協働体系において人々の行為，活動は調整される．
4)　協働体系における行為，活動の調整は「伝達」（「権威関係」）による．

　まず，組織は実現すべき「共通の目的」をもつことが必要である．企業であれば理論上では「利潤最大化」や「株主利益最大化」であり，現実においては，市場シェアや売り上げ，特定の商品開発，販売等である．この目的実現のために集まった人々の行う協力関係をバーナードは「協働体系」と名付けた．共通の目的を掲げたとはいえ，各人が勝手にばらばらに行動したのでは目的達成は覚束ない．そこで，各人の力を合わせ，一定の方向に導き，誰が何を，いつ行うかを「調整」する必要がある．「意識的，計画的」な調整により，各人の行動は「協働体系」となる．したがって，公的組織の一番簡潔な定義は「二人以上の

人々の意識的に調整された活動や諸力の体系」である.

　この組織に属する人々は，この協働体系の一員として「**構成員**」であり，「共通目的実現のために貢献する人間」＝「**貢献者**」とされる（78 頁）.

(2)　行為の調整

　バーナードは「公的組織」においては，「3）協働体系において人々の行為，活動は調整される」とした. ではこの「調整」とはなんであろうか.

　バーナードは，組織＝協働体系における有効性と効率性の必要性を主張する. なぜならば，組織という「協働の永続性は，協働の（a）有効性と，（b）効率性，という二つの条件に依存する」（62 頁（a），（b）の記号は引用者）からである.

　協働行為の有効性とは，人々の協働により共通目的がどの程度達成されるかに関わり，**協働行為の効率（能率）性**とは組織構成員（「貢献者」）がその協働において，自分の行為に満足をどの程度感じるか，行為の動機をどの程度満足させているか，に関わっている.

> 　「協働の『有効性』というところのものは，協働行為の確認された目的を達成することであり，達成の程度が有効性の度合いを示す」（57 頁）

> 　「協働体系の能率とは，それが提供する個人的満足によって自己を維持する能力である. これは協働体系を存続させる均衡の能力，すなわち負担を満足と釣り合わせることといえよう」（59 頁）

　共通の目的が達成される度合い（達成度合い）を「協働の有効性」，この共通目的のための協働において，各構成員がどれだけの満足を感じるかを「協働の能率性」という区別が，企業を軍隊組織から区別する最大の要因である. 完全な階層関係にある軍隊は「共通の目的」をもつが（ある作戦を立て戦いに勝つこと），その作戦実行において部下が満足を感じているかどうかは問題とされない. この命令－服従の関係は，命令を受けた人間が満足を感じるのか，不満足なのか，あるいは，やりたくないと思っているのかは問題とならない. 企業ではしかし，事情が異なる. 共通目的がどの程度実現されるかは，構成員がこの目的実現のために割り振られた仕事にどの程度満足を感じるかにかかっているのである.

　企業に属する個々人はそれぞれ異なった利害関心を持ち，割り当てられた仕事が個人 A には満足を与えるが，個人 B には不満であるということはしばしばあろう. 個人の利害関心を無視して，機械的に仕事を割り振れば，目的の達成は（軍隊を除けば）覚束ない. 現代経済学の言葉を使えば「誘因」を与え，これに個人が応えることが重要というわけである. 組織構成員の「やる気」を誘発すること，進んでやりたい，と思わせること，これが「調整」と言われるものであり，単に仕事を割り振ることではない.

> 　「協働体系に対して努力を貢献しようとする人々の意欲が不可欠である」（87 頁）

　組織構成員は，様々な固有の利害関心・関係を持つ. この利害関心・関係が組織の利害と一致するとは限らない. したがって，経営者は，様々な利害関心・関係を持つ構成員を誘導して，組織目的実現のために，行動させねばならないことを意味する. これが「人間諸力の調整」と呼ばれるものである.

　この「調整」の必要性は組織を構成する個人が「進んで」組織の目的を実現するとは限らないという事

態の認識を意味する．協働体系に対して努力を貢献しようとする人々の「意欲」とは，「人格的行動の自由の放棄，人格的行為の非人格化を意味する」(87頁)．「共通の目的実現のためにすすんで努力するように変える」ことは，構成員がある種の「二重人格」をもつことを意味する．「組織の全ての参加者は二重人格－組織人格と個人人格－をもつものとみなされる」(91頁)．この「非人格化」という言葉は強い響きを持つが，公的組織のあり方には必須である．

> 「公的組織を努力や影響力の非人格的な体系と定義する」(117頁)

　組織において構成員は，意志，価値観，行為を共通目的実現のためにある程度変化させ，組織目的実現のための行為を取らざるを得ない．しかしながら，同時に，この変化は，命令，強制によるものではなく，協働行為の効率（能率）性を満足させる，つまり，構成員が進んで変化を受容するものでなくてはならない．この「構成員が進んで変化を受容する」ために「誘因」が必要である（「心的状態，態度，あるいは動機を改変させ，利用可能な客観的誘因を効果的にする」(147頁)）．この「誘因」は，当然，「組織に対して努力を誘引する純満足は，こうむる不利益に対比した積極的な利益から生じる」(146頁) ものでなくてはならない．構成員が個々の異なった利害関心を持つことを前提とし，それでも共通の目的実現のために，ある仕事をなすことが，その人に満足を与えるようにすること，これが「行為の調整」の意味である．

3.　経営者

　前項までで共通目的実現のために，協働する人を「構成員」と述べたが，リーダーがこの構成員の中からでてくるのは，「行為の調整」の能力からである．バーナードは次のように述べた．

> 「協働体系の基礎として役立ちうる客観的目的は，それが組織の決められた目的であると貢献者（もしくは潜在的貢献者）に信じ込まれている目的である．共通の目的が本当に存在しているという信念を植え付けることが基本的な管理職能である．」(91頁，下線は引用者)

　上述の文章では，「管理機能」とは，目的とは組織の目的であり，また構成員もまたそれが組織の目的であるという信念を植え付けることとされる．組織を特徴付ける第4「4) 協働体系における行為，活動の調整」は「伝達」（「権威関係」）による．

　この「伝達」は「誘因と受容」とによる．伝達＝命令ではない点に注意しよう．

　この「信念の変化」は，命令，強制によるものではなく，協働行為の効率（能率）性を満足させる，つまり，構成員が進んで変化を受容するものでなくてはならない．この「構成員が進んで変化を受容する」ために「誘因」が必要であった．そして「誘因」とは，当然，「組織に対して努力を誘引する純満足は，こうむる不利益に対比した積極的な利益から生じる」(前出) ものでなくてはならない．

　具体的には「誘因」とは以下の2つである．

(1)　客観的誘因の提供：物質的誘因（金銭，報償，昇進），非物質的誘因（優越，威信，地位の獲得等），あるいは，処分，減給などのサンクションによる．

(2)　説得（「提供される誘因が適当となるように人々の欲望を説得によって改変する」(155頁)，例えば，

　　排除（仲間外れ等），動機の教育，等

　誘因を与え，構成員の選好を変化させ，構成員の「やる気」を出させる能力のある特殊な「構成員」が「経営者」である．したがって，経営者が経営者である理由は構成員がこれに応えて目的実現のために働く（貢献する）ように構成員に誘因を与えることができるからである．

4.　「誘因」と「貢献」のメカニズム

(1)　「誘因」と「貢献」

　協働体系における「行為の調整」は，以上の「誘因」と「貢献」をバーナードは「誘因の経済」と呼んだ．

図 2.13　「誘因」と「貢献」のメカニズム

　以上の誘因と説得により，組織構成員の「貢献」を引き出すこと，これが経営者の「機能」であり，経営者の「役割」とは，組織へ貢献しようとする個人の意欲を調整し，組織の有効性を実現することにある．管理者または「経営者」は意思決定を行う権利と責任を持つのであるが，この組織の意思決定を「専門的」に行う構成員が経営者である．

(2)　「権威関係」

　バーナードは軍隊組織が「階層関係」であるのにたいし，公的組織は「権威関係」に基づくとしている．経営者の説得を受け，構成員が納得するのは，命令によるのではなく，構成員が経営者の説得に「権威」を認めるからである．経営者は正しい誘因を与え，これは構成員を満足させるものであり，かつ，納得した構成員は共通の目的を効率的に実現できる，と構成員が信じること，これが，構成員が経営者に感じる「権威」である．

　　　「組織の本質的要素としての伝達が必要なために，ある種の組織的意志決定の責任が管理者に割り
　　　当てられるのである．要するに，管理者の役目の特徴は，彼らが組織的意志決定過程の専門化をあら
　　　わしていることである．これが管理者職能の本質である」（197 頁．下線は引用者）

　企業組織は基本的に階層関係であるが，階層関係は命令－服従の性質を持つ．しかしながら，バーナードの理論では，組織における階層関係の本質は命令－服従の関係ではなく，経営者の「権威」－構成員による「権威の受容」という**権威関係**である．階層関係を命令－服従の関係ではなく，権威関係として把握することはバーナード理論の特色である．この「権威」とは，

　　　「公式組織における伝達（命令）の性格であって，それによって組織の貢献者ないし『構成員』が，
　　　伝達を，自己の行為を支配するものとして，すなわち，組織に関して，その人がなすこと，あるいは，
　　　なすべからざることを支配し，あるいは決定するものとして受容する」（170 頁）「権威には二つの側

面がある．第一は，主観的，人格的なものであり，伝達を権威するものとして受容することである」[8]（170 頁）

バーナードの「権威」の定義の特徴は，「一つの命令が権威をもつかどうかの意志決定は命令を受ける側にあり，命令を発する側にはない」（171 頁）ことにある．つまり，階層性の下位にある構成員は「命令に従う」のではなくて，「命令を権威あるものとして受容する」ことになる．したがって，バーナード理論によれば，公的組織または企業における「階層性」は命令－服従の支配関係ではなく，誘因－貢献の権威体系であることになる．

「組織伝達における権威の性格は伝達を受ける人々の同意の可能性にある」（181 頁）

これはつまり，経営者は構成員に十分な誘因を与えることができなければ，構成員もまた不十分な貢献しかしないことを意味している．「リーダーシップ」とは何かの議論でも頻繁に利用される．

しかし，企業が「命令－服従の支配関係」にあることは否定できない．特に日本の企業，しかも世界的に著名な大企業でも「過労死」「長時間労働」「追い出し部屋」などの否定的現象が頻発している．これが全て企業体質の問題であるということはできない．日本の雇用システムの問題でもある．しかし，日本企業の現状はバーナード理論の妥当性に疑義を感じさせるものである．我々はバーナード理論を受け入れつつも，この理論もまた現実的企業のあり方を十全に説明するものではないことは忘れてはならない[9]．

第 5 節　本章のまとめ

本章は生産関数としての企業，株式会社，組織としての企業を論じた．抽象から具体へと論を展開した．書き残したことは多いが，企業とは何かに関して基本的な知識は伝わったと信じる．

参考文献

- 淺場茂『企業の経済学』日本経済新聞出版社，2008 年.
- 江川雅子『現代コーポレートガバナンス　戦略・制度・市場』日本経済新聞社，2018 年.
- 内海英博『コーポレート・ガバナンス』日本実業出版社，2004 年.
- 小田切宏之『企業経済学』東洋経済新報社，2000 年.
- 黒澤晶子『企業の経済学』日本放送出版協会，2000 年,
- 坂本恒夫他編著『現代企業論』同文館出版，2019 年.
- 田村達也『コーポレート・ガバナンス　日本企業再生への道』中公新書，2002 年.
- ドーア『誰のための会社にするか』岩波新書，2006 年.

---

[8] 構成員が上位者の命令を「受容する」その程度には限界があるとするのも特徴である．上位者の命令が「受容される」範囲をバーナードは「無関心圏」（177 頁）と呼んだ.

[9] 企業組織を効率性の観点から分析する新古典派経済学とは異なった，権力（Power）の観点から分析する企業理論は，政治経済学企業理論と総称される．この理論においては，企業とは，権力（支配）－従属の関係であり，企業がこのような支配－従属の関係を取るのは，それが，企業の行動目的である利潤をより多く実現することに役立つからであるとする.

さらに深く学ぶために参考となる Web サイト

1.　中小企業庁「2020 年度版　中小企業白書・小規模企業白書」
　　　　　　　　　　　　　https://www.meti.go.jp/press/2020/04/20200424002/20200424002-2.pdf
2.　経済同友会「第 17 回　企業白書」　　　　　　https://www.doyukai.or.jp/whitepaper/articles/no17.html
3.　日本取引所グループ「改訂版ガバナンスコード」　https://www.jpx.co.jp/equities/listing/cg/index.html
4.　金融庁「スチュワードシップ・コード」　　　　　　https://www.fsa.go.jp/singi/follow-up/index.html

（閲覧日はいずれも 2020 年 12 月 15 日）

第3章

経営学入門—経営組織論と経営戦略論を中心に—

本章の概要

　本章は経営学をはじめて学ぶ人を対象とし，まずは経営学とはどのような学問であるかについて第1節および第2節にて概観する．経営学では多様な各論が展開されているが，その中でも経営学の柱と考えられている経営組織論および経営戦略論について，続いて概観する．第3節で経営組織論について取り上げ，第4節で経営戦略論について取り上げる．

第1節　はじめに：経営学とはどのような学問か

　経営学とは組織を対象とし，組織の行動を総合的に説明しようとする学問である．我々の社会は，多数の人がそれぞれ意識的に役割を分担しており，この役割分担が時間的にも空間的にも連動することによって動いている．個人では達成できないことであっても複数の人々の協働によって達成しうる（協働に伴って個人目的が達成しうる）と考えられるとき，組織がつくられる．企業や政府，自治体，学校，病院，ボランティア団体，宗教団体など，今日の社会では至るところに組織が存在している．現代は「組織の時代」であるといわれている．

　なぜ今日ではいっそう組織が必要とされているのか．その理由として，ガルブレイス（1967）は次のように述べている．第一に，私たちが利用する技術が高度化しており，第二に，私たちが処理すべき問題や社会環境の複雑性が増大してきているからである[1]．つまり，技術の高度化と環境の複雑化のために，多数の人がそれぞれ意識的に役割を分担する必要性が高まっている．そして，この役割分担を担うそれぞれの分野の専門家による分業およびその統合を調整するメカニズムとしての役割を，組織が果たしうるという側面が存在しており，よって組織が必要とされているのである．企業はこのような組織の一種である．

　経営は英語でいうと management（マネジメント）である．「マネジメントは文明の始まりから行われてきた．しかし，それが認識され，分析され，調査され，教育され，公式化されるようになったのはここ100年のことである．まさに二〇世紀はマネジメントの世紀だったといえる[2]」とクレイナー（2000）がい

---

[1] Galbraith, J. K., *The New Industrial State*, Houghton Mifflin Company, 1967.（都留重人監訳『新しい産業国家』河出書房新社，1968年.）

[2] スチュアート・クレイナー（嶋口充輝（監訳），岸本義之・黒岩健一郎（訳））『マネジメントの世紀：1901-2000』東洋経済新報社，2000年，ivページ.

うように，経営学は100年ほど前から研究されるようになったばかりの若い学問領域である．経営学に確たる統一パラダイム[3]は存在しておらず[4]，多様なパラダイムが並存しており，さらに今なお新たな理論が次々と提唱されている状況にある．このため経営学の理論を体系的に網羅するような統一的な教科書は存在しない[5]．

第2節　そもそも「経営学」とは

　組織の行動を捉えるために経営学では，組織を構成する最小単位である「個人」に着目する視点から接近しようとする研究，「組織」を分析単位とする研究，組織と組織を取り巻く「（経営）環境」との間に存在する相互作用に焦点を当てて展開されている研究，というような相異なる多様な視点においてさまざまな研究が展開されている．また，研究対象に接近するために経営学では，経済学，社会学，心理学，哲学等といった他の学問分野で提示された理論や概念を数多く応用して研究を展開しており，こうしたことから経営学は学際的な学問となっている．多様な研究視点の存在，そしてこれら他の学問分野のどの理論基盤に近い立場で経営学の研究を展開するかによって，結果として経営学の研究成果として実に多様な理論が存在している．組織の行動について考えるさいには，こうした多様な研究を通して多面的に対象に接近して総合的に考察することが，組織の行動を総体として理解する上で必要であるといえる．

　さて，実は海外のビジネススクールに経営学という科目名はない．たとえば「人的資源管理論」（human resource management），「経営組織論」（organization theory），「経営戦略論」（strategic management），「国際経営論」（international business），「技術経営論」（technology management）などといった個別の研究分野や研究領域に対応した各論が科目名として挙げられており，経営学（management）とはこれらの各論を総称する名称として用いられている．

　人的資源管理論は組織の経営資源の中の「人」に関する管理活動を研究対象としており，「人事管理」，「労務管理」，「経営労務」，「労使関係」あるいは「人材マネジメント」などと呼ばれる分野の研究である．経営組織論は「組織」あるいは組織の中の「個人」を分析の視点としている．経営戦略論は組織と「環境」との相互作用に視点を置いた研究である．国際経営論や技術経営論は，経営組織論と経営戦略論を横断する領域で展開されている研究である．これらの例のように経営学としてさまざまな各論が展開されているが，それらの中で経営組織論および経営戦略論が経営の全貌を見渡すための視点を提供していることから，経営組織論と経営戦略論が経営学における主要な柱であるとされている．本章では続いて，経営組織論と

---

[3] パラダイムは科学史家であるクーンによって提唱された概念であり，「一般に認められた科学的業績で，一時期の間専門家に対して問い方や考え方のモデルを与えるものである」と定義されている．広辞苑の記述によって一般的に説明すると「一時代の支配的な物の見方や時代に共通の思考の枠組」のことである．

[4] もちろんその時代時代において有力なパラダイムと目されていたものはあるし，そして過去に提唱され今なお有力と目されているものはある．

[5] よって経営学の理論を学ぶためには通常，（とりわけ大学院博士課程では），過去の代表的な研究と目されている古典論文と呼ばれるものから新しい論文に至るまでの数多くの論文を，幅広く大量に読むことを通じて体系的な知識の習得に励むことになる．
　経営学の理論を網羅して学ぶための統一的な教科書が存在しないことについて，入山（2012）が以下の書籍の第3章にて理由も含め詳説しているので，関心のある人は参照されたい．
　入山章栄『世界の経営学者はいま何を考えているのか：知らざれるビジネスの知のフロンティア』英治出版株式会社，2012年．

経営戦略論についてのイントロダクションを記していくことにしよう.

第3節　経営組織論について

　経営組織論は組織の行動や構造そしてそのメカニズムについて明らかにしようとする学問であり, 組織あるいは組織を構成する人に焦点を当てて研究を展開している. 組織と人との関わりに焦点を当て「組織のなかの人間行動や集団行動」について分析しようとする研究は「組織行動論」(organizational behavior)と呼ばれることもあるが, これは経営組織論の「ミクロ」の分野であると理解され, 経営組織論の中の「ミクロ組織論」として取り扱われている. ミクロ組織論で論じられている研究の代表例としては, リーダーシップ[6]論, モチベーション[7]論, 組織コミットメント[8], キャリア[9]・マネジメントなどを挙げることができる. 他方, 組織自体を分析対象とするものを経営組織論では「マクロ組織論」と分類している. マクロ組織論では組織の構造や組織のデザインなどに焦点が当てられており, 組織における分業と調整の基本的な枠組みに関する研究が進められている. ここでは組織における責任[10], 権限[11], パワー[12], コミュニケーション[13], コンフリクト[14], 意思決定[15], コントロール[16]などの概念が提示されて, 研究が展開されている.

　前述したように経営組織論では組織の行動や構造そしてそのメカニズムについて明らかにしようとしているが, いかにしたら組織の力が最大限に発揮できるようになるのかという問題意識がその背後にある. ところで, それでは経営学の研究対象である「組織」については, そもそもどのように捉えたらいいのか. 組織をどのように捉えるかについても, 経営組織論での研究対象となっている. ミクロ組織論およびマクロ組織論で展開されている主な研究成果の紹介は別の機会に譲ることとし, 本節では「組織とは何か」をめぐる議論について続いて触れることにしよう.

---

[6] 「リーダーシップ」(leadership)：組織化された集団の活動が目標設定と目標達成に向かって努力するよう影響するプロセスのこと.

[7] 「モチベーション」(motivation)：目標達成のために高レベルの努力を行おうとする個人の意思のこと. 動機づけ.

[8] 「組織コミットメント」(commitment)：個人が組織に対して一体化している程度, 組織の目標と個人のそれが統合され合致している程度のこと.

[9] 「キャリア」(career)：人の一生を通じての仕事のこと.

[10] 「責任」(responsibility)：果たすべき「職務」を遂行する義務のこと.
　　※「職務」(task)：組織で定められた仕事のこと.

[11] 「権限」(authority)：定められた職務を果たし組織において求められる責任を公に果たすために, 組織内の一定の経営資源(すなわち人・モノ・カネ・情報)を公式に動員することを可能にする権利あるいは力のこと. (これには, 自ら意思決定し, 決定事項に基づく行動を他者に強制しうるパワーも含まれている.)

[12] 「パワー」(power)：ある個人や集団が他のある個人や集団に何かをさせたり, あるいは何かをさせない力のこと.

[13] 「コミュニケーション(communication)」：情報の伝達を通じて, 組織の統一性を確保すること.

[14] 「コンフリクト」(conflict)：二つあるいは三つ以上の人や集団の間に生じる, 対立的あるいは敵対的な関係のこと. 社会や組織の場合には「紛争」や「対立」, 個人の内面の場合には「葛藤」と訳されることが多い.

[15] 「意思決定」(decision making)：人が何らかの具体的な行為を遂行しようとする場合, それに先立って, いかなる行為をなすべきかについての選択をしなければならない. このように, 行為の遂行にさいし, 代替案として考えうるさまざまな選択肢の中から一つを選択すること.

[16] 「コントロール」(control)：組織の目標および計画の達成が確保されるよう, 成員の諸活動を測定し, 修正すること.

1.　個人と組織との関係

個々人はそれぞれに夢や野心を抱いており，これに基づく個人目的を実現したいと考えている．しかしながら，個人ではその実現にさいし制約（生物的・社会的・物理的制約要因）が存在するならば，「人間が個人として達成できないことを他の人々との協働によって達成しようとしたときに組織が生まれる[17]」という．C. I. バーナード（1938）によると組織とは，「二人以上の人々の意識的に調整された活動（activity）や諸力（forces）の体系[18]」と定義されている．

「組織の時代」といわれる現代では，社会の至るところに組織が存在している．とはいえ上述の通り，これらの組織は元はといえば，各々異なる個人目的を抱く個人が，自らの個人目的を実現するための「手段」として編み出したものであったといえる．それでは，いかにして個人は組織を生成するのか（組織の成立），また維持（組織の存続）をするようになるのであろうか．

2.　組織の生成：組織の成立

個人（individual）は各々が固有の性質を持ち，各人それぞれが異なる欲求，衝動，欲望を抱き，その個人目的を達成しようという動機をもって行動する存在である．個人目的の達成にさいし，自分一人の力で達成できないならば，他者の力を借りてその実現を図ろうとすることがある．このとき，他者との相互作用，すなわち「協働体系」（cooperative system）が生じている，という．バーナード（1938）によると，「個人には目的があるということ，あるいはそうと信ずること，および個人に制約があるという経験から，その目的を達成し，制約を克服するために協働が生ずる[19]」とされる．そして，個人が特定の協働体系に入るか否かの選択は「① そのときの目的，欲求，衝動，および，② その人によって利用可能と認識される，個人に外的な他の機会，にもとづいておこなわれる[20]」と彼は述べている．

協働体系をめぐるバーナードのたとえ話がわかりやすい．彼は一人では動かすことのできない大きな石の例を提示して説明している[21]．互いに異なる個人目的をもって個人が往来を行き交っている状況を想像していただきたい．そこに通行を妨げる大きな石が転がっているとする．この大きな石を動かすためには，複数の人間が協力し合って動かすしかない．個人目的を達成するための手段として，往来の通行を妨げる石を動かすという，個人目的達成のための手段を共有できる状況がおこり，協働が生じる．

すなわち，① 相互に意思を伝達できる人々があり，② それらの人々は行為を貢献しようとする意欲をもって，③ （石を動かそうとする）共通目的の達成をめざすときに，組織は成立するのだとバーナードはいう．こうして，組織成立にあたって必要にして十分な条件として，「伝達（コミュニケーション）」（communication），「貢献意欲[22]」（willingness to corporate），「共通目的」（common purpose）が，組織が

---

[17] C. I. Barnard（1886-1961）による．彼は長年にわたり，ニュージャージー・ベル電話会社の社長であった．また政府機関であるニュージャージー救済局の長官も，2度にわたって務めた．これらの経験を通じて彼は，組織活動とそこに参加している人々の社会的・個人的関係についての関心を深めた．こうした問題意識の下に彼によって執筆された『経営者の役割』（C. I. バーナード（1938），山本安次郎ほか訳（1968），ダイヤモンド社）は，今では組織解釈の古典的著作とされている．
[18] バーナード（1938），（邦訳）76 ページ．
[19] バーナード（1938），（邦訳）23 ページ．
[20] バーナード（1938），（邦訳）18 ページ．
[21] バーナード（1938），（邦訳）87-94 ページ．
[22] 「貢献意欲」に代わり「協働意欲」という用語を用いることもある．

成り立つために必要となる「組織の三要素」であるとバーナードは提示する．ゆえに組織とは「二人以上の人々の意識的に調整された活動や諸力の体系」であると彼は定義するのである．

3.　組織の維持：組織の存続

　上述の石の例でみたように，組織は個々人の多様な個人目的を達成するための手段であるとみなすことができる．バーナードのいう組織成立のための組織の三要素からも示唆されるように，組織はその共通目的を達成できない場合には崩壊するに違いないが，またその共通目的を達成することによって自己解体するのである[23]．よって，組織の存続のためには，新しい共通目的をくり返し採用する必要があるとバーナードは指摘している．

　いったん活動が調整され，それがもたらすものがお互いに一定水準以上の満足を与えるなら，繰り返し同じ相手と相互作用を続けようとすることがおこることを K. E. ワイク（1979）は指摘している[24]．彼もまた「すべての集団はおそらく，多様な目的を追求する人びとの間で形成される」と述べており，「これらの多様な目的のいくつかを達成するためには，協調的，相互連結的行為が必要である」とし，「相互依存しようとの同意」が目的を達する手段として基本的であることを指摘する．すなわち，「あるメンバーが他者にとって価値のある行動を起こすと，それがいかなる行動であれ，やがて自分にとって価値ある行動をもたらす」という「互恵的行為」（reciprocal action）であることが求められる．ここには，「集合的に構造化された行動という共通手段を通して，多様な目的を追求せんとのこだわりがある」のである（図 3.1 参照）．

図 3.1　集団発展のモデル
（出典：K. E. ワイク，遠田雄志訳『組織化の社会心理学』文眞堂，1997 年，118 ページ．）

　彼はさらに，次のように説明を続ける．「メンバーが多様な目的を達成するための手段として相互連結行動に収斂すると，多様な目的から共通の目的への微妙なシフトが生ずる．つまり，メンバーの目的はそれぞれいぜんとして違うが，共有された目的が次第に支配的になる．（中略）最初に共有される目的の一つは集合構造―個々人が自らの欲するものを得る上で都合の良い道具―の維持と保存である」というのである．すなわちこれは，繰り返し同じ相手と相互作用（相互連結的行為）を続けようとすることである．このようなことが続くとこの結果，次第に別の相手を探すコストが高くなっていく．最初は自分の個人目的を達成するために相互作用を繰り返していたが，やがて同じ相手と相互作用さえすれば自分の目的をいつでも達成できると考えるようになるという具合に，「手段と目的の転倒」がおこる[25]．つまり，これがワイクのいうところの，集合構造の維持と保存という「共通目的」の登場である．

　バーナードは組織の存続のためには新しい共通目的をくり返し採用する必要があると指摘していたが，こうしてここに，組織の存続（＝集合構造の維持と保存＝同じ相手との相互作用）という「共通目的」が

[23] バーナード（1938），（邦訳）95 ページ．

[24] Weick, K. E., *The Social Psychology of Organizing*, 2nd, Addison-Wesley, 1979.（遠田雄志訳『組織化の社会心理学』文眞堂，1997 年，118-121 ページ．）

[25] 山倉健嗣，岸田民樹，田中政光『現代経営キーワード』有斐閣，2001 年，30 ページ．

生じるのである．組織の存続は，同じ相手との相互作用すなわち協働体系を維持し続けようとすることができるかどうかにかかっているといえるのである．

4. 組織存続の条件：組織均衡論より

それでは，いかにしたら同じ相手との相互作用すなわち協働体系を維持し続けようとすることができるのか，すなわち組織が存続するためにはどうしたらよいのか．「組織が存続するためには，有効性[26]または能率[27]のいずれかが必要であり，組織の寿命が長くなればなるほど双方がいっそう必要となる[28]」とバーナードは指摘する．そして彼は組織存続の条件を提示する理論として「組織均衡論[29]」を唱えた．

組織均衡論では，組織とその「参加者」の関係は交換関係であるとする．ここでいう「組織均衡」（organizational equilibrium）とは，組織がその参加者に対して，継続的な参加を動機づけるのに十分な「誘因」（inducement）を提供し，参加者から十分な「貢献」（contribution）を引き出すことに成功している，という状態を意味している．この理論では，組織が存続するために必要な経営資源は，参加者による貢献によって組織に提供されるものであると捉えられている．組織が参加者による貢献以上の誘因を参加者に提供するならば，それは参加者にとっては継続的な参加（同じ相手との相互作用，すなわち協働体系を維持し続けようとすること）への動機づけとなっており，これによって組織は必要な経営資源を継続的に獲得し利用することに成功し，組織の存続が図られるとする．このことをバーナードは彼の著書の中で「有効性」と「能率」という概念を用いて以下のように説明している．

組織の生命力は，協働体系に諸力を貢献しようとする個人の意欲のいかんにかかっており，この意欲には，目的が遂行できるという信念が必要である．実際に目的が達成されそうにもないと思われれば，この信念は消えてしまう．したがって有効性がなくなると，貢献意欲は消滅する．意欲の継続性

---

[26] 「個人的行為および組織的行為のいずれにも関連して「有効的」と「能率的」という二つの言葉の意味を区別しなければならない」とバーナードは指摘している．個人的行為との関連においてのみで考えた場合には，有効性についてバーナードは，「ある特定の望ましい目的が達成された場合に，その行為は「有効的」であるという」とする（バーナード，1938 年，（邦訳）20 ページ）．

なお一般に，経営学において「有効性」（effectiveness）とは，目指している目標に対してある手段がこれを達成する程度のことであると定義されている．また，「組織の有効性」とは，「組織が組織目的を達成するために行動した結果，その目的をどれだけ達成したかという程度のこと，および組織目的をどれだけ達成しうるかという組織の能力のこと」とされる（経営学史学会編（2002）『経営学史事典』文眞堂，234 ページ）．

[27] 能率（効率性）（efficiency）についてバーナードは，個人的行為との関連においてのみで考えた場合には「行為がその目的の動機を満足し，その過程がこれを打ち消すような不満足を作り出さない場合には能率的であるという」とする（バーナード，1938 年，（邦訳）21 ページ）．

なお経営学で一般には，「能率（効率性）」（efficiency）とは，インプットのアウトプットへの変換率（アウトプット／インプット）として定義されている．

[28] C. I. バーナード（1938），（邦訳）85 ページ．

[29] 近代組織論はバーナードによって提唱され，サイモンが受け継ぎ，マーチ＝サイモンによって完成されたといわれているが，組織均衡論は彼らの研究業績の以下の書籍の中で一貫して論じられてきた．

Barnard, C. I., *The Functions of the Executive*, Harvard University Press, 1938.（山本安次郎・田杉競・飯野春樹訳『新訳経営者の役割』ダイヤモンド社，1968 年.）

Simon, H. A., *Administrative Behavior*, 3rd ed., The Free Press, 1976.（松田武彦・高柳暁・二村敏子訳，『経営行動：経営組織における意思決定プロセスの研究』（新版），ダイヤモンド社，1989 年.）

March, J. G. and H. A. Simon, *Organizations*, Wiley, 1958.（土屋守章訳『オーガニゼーションズ』ダイヤモンド社，1977 年.）

はまた目的を遂行する過程において各貢献者が得る満足に依存する．犠牲より満足が大きくなければ意欲は消滅し，非能率な組織の状態となる．逆に満足が犠牲を超える場合には，意欲は持続し，能率的な組織の状態となる[30]．

　組織均衡論において，参加者の範囲は次のように捉えられている．企業という組織の場合であるならば，従業員，資本家（資金提供者，投資家，株主），供給業者（生産手段提供者），そして顧客までも含めて，参加者として捉えている．従業員の貢献は労働力の提供であり，その誘因は賃金などの報酬である．資本家は組織に資本提供することが貢献であり，彼らにとっての誘因は配当等である．供給業者の貢献は生産手段の提供であり，その誘因は受け取る代価である．そして顧客は，企業の提供する製品・サービスを受け取ることが

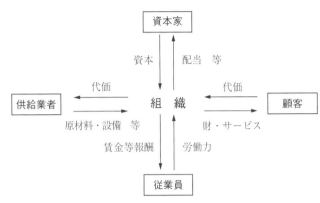

図 3.2　組織均衡

（出典：桑田耕太郎・田尾雅夫『組織論（補訂版）』有斐閣，2010 年，43ページ．）

誘因となっており，その対価を支払うことが企業に対する貢献である，とされている（図 3.2 参照）．

　サイモン＝スミスバーグ＝トンプソン（1950）によると，組織均衡論の中心的公準[31]は次の五つの言明[32]によって示すことができるという[33]．

Ⅰ　組織は，組織の参加者と呼ばれる多くの人々の相互に関連した社会的行動の体系である．

Ⅱ　参加者それぞれ，および参加者の集団それぞれは，組織から誘因を受け取り，その見返りとして組織に対して貢献を行う．

Ⅲ　それぞれの参加者は，自らに提供される誘因が，自らが行うことを要求されている貢献に比べて等しい，あるいはより大きい場合にかぎって，組織への参加を続ける．

Ⅳ　参加者のさまざまな集団によって提供される貢献が，組織が参加者に対して提供する誘因を作り出す源泉である．

Ⅴ　したがって，参加者の貢献を引き出すのに足りる量の誘因を提供し，かつそれだけの誘因を供与するのに十分な貢献を参加者から引き出すことに成功しているかぎりにおいてのみ，組織は「支払い能力がある」，すなわち組織は存続し続けるであろう．

---

[30] バーナード（1938），（邦訳）85-86 ページ）
[31] 公準とは，証明不可能な命題で，学問上または実践上，原理として承認されているもののこと．
[32] 言明とは，一定の構造と意味をもった文を述べること，または述べられた内容のこと．
[33] Simon, H. A., D. W. Smithburg and V. A. Thompson, *Public Administration*, Alfred A. Knopf, 1950.（岡本康雄・河合忠彦・増田孝治訳『組織と管理の一般理論』ダイヤモンド社，1977 年．）

　第一，第二公準は，組織および参加者の定義である．組織は参加者が提供する貢献（行動）のシステムであるとする．「参加者」と組織の結びつきについて，従業員以外の参加者は「市場」を通して結ばれており[34]，従業員は「権威[35]関係」（authority relationship）によって結ばれているといえる．第三公準は，その組織に参加するか否か（貢献を提供するか否か）に関する，参加者の意思決定について述べている．第四公準は，組織が参加者の貢献をインプットとし，参加者への誘因をアウトプットとして生産する変換体系であることを示している．第五公準は，すべての参加者について「誘因≧貢献」が成立していなければ，組織は存続し続けることができないことを意味している．つまりこのことは，組織の存続のためには組織が一定以上の有効性と能率を達成しなければならないことを意味しているのである．

5.　組織の発展：組織における分業と調整

　組織を維持（存続）させようという共通目的が生じたならば，「通常，集団は課業達成のため分業を実施する」（ワイク（1979），（邦訳）121 ページ）という．こうして一方では，計画や管理を行うマネジャー（経営者・管理者）とそれを実施する作業者というように，権限と責任の階層が設けられる．すなわち「垂直分業－階層分化」が組織の中に生じる．他方，同じ階層レベルでは，専門的に仕事を分担するようにした方が効率がよい．つまり，「水平分業－職能分化」が組織に生じる[36]．このような垂直方向および水平方向への分業によって組織における協働が進められるようになる（図 3.3 参照）と，個人では達成できないが組織によって達成しうることがいっそう増すのである．

　組織の中で分業を進めることにより，同時に分業を調整する必要性も生じる．調整が行われなければ，分業が非効率になる可能性があるからである．この調整を担当するのが，先に述べた垂直分業－階層分化

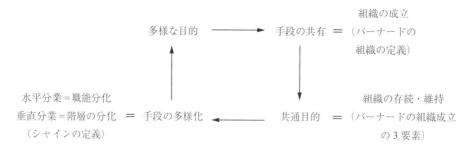

出所：ワイク（1979）より作成

図 3.3　組織の生成・発展のプロセス
（出典：山倉健嗣，岸田民樹，田中政光『現代経営キーワード』有斐閣，2001 年，30 ページ．）

---

[34] 参加者のうち，資本家は「資本市場」を通して，供給業者は「要素市場」を通して，顧客は「製品市場」を通して，組織と結びついている．

[35] 権威とは，何ら批判的な検討や考慮をすることなしに伝達（命令）を受容する現象のこと．権威という現象がおこる理由についてサイモンは，一般に組織メンバーは「伝達された他人の意思決定によって，彼自身の選択が導かれることを許容し（すなわち，他人の意思決定が彼自身の選択の前提として役立つ），これらの前提の便宜性について，彼自身の側で考えることをしない，という一般的な規則を彼自身で設定している」（サイモン（1976），（邦訳）161 ページ）と述べている．

[36] E. H. シャインによる組織の定義にもとづく．シャイン（1980）は，組織とは，何らかの共通な目的または目標を，労働・職能の分化を通じて，また権限と責任の階層を通じて達成するために，人々の活動を計画的に調整することである，とした．

によって組織の中に登場したマネジャー（経営者・管理者）である．組織においてマネジャー（経営者・管理者）は，協働体系を維持するために同じ相互作用が繰り返されるよう相互作用パターンを生み出し，またその相互作用パターンによる協働が効率よく進められるように整えること，すなわち調整が，彼／彼女らの役割であるとして求められている．

　同じ相互作用パターンを繰り返すためには，これを促進する仕組みを整えることが必要となる．同じ相互作用パターンを繰り返すための調整の役割を果たしうる存在のひとつとして，組織構造や組織文化などを挙げることができる．分業が効率よく進むような組織構造を生み出すこと，組織文化を醸成すること，その上で協働の促進に努めること，また経営環境の変化への対応として必要に応じて組織構造や組織文化を変革することなどが，マネジャーの仕事であり役割なのである．

　このためには，バーナードのいう組織の三要素をそのときの環境に適するように結合させる（「組織の能率[37]」を図る）こと，また経営環境の変化に応じて組織の三要素の結合のあり様を見直す（「組織の有効性[38]」を図る）ことが，マネジャーに求められている．バーナードは「組織の創造的な側面は調整で」あり，「効用を生産するために組織の諸要素の適切な組み合わせを確保することは，協働体系を持続させる基礎である」と述べている．そして，マネジャーの役割である「調整の質こそ組織の存続における決定的要因である」と指摘している（バーナード（1938），（邦訳）267-268 ページ）．つまり，組織の存続はこうしたマネジャーの役割が適切に果たされているかに依存している面が存在しているといえよう．また，このときマネジャーが実際に行っていることが，言い換えると経営であり管理であるといえる[39]．

第 4 節　経営戦略論について

　企業をとりまく経営環境は，企業の意図とは関係なく変化する．企業の意思決定や行動に直接的・間接的に影響をおよぼす外部要因のことを経営環境と呼ぶが，これはさらに「一般環境」と「課業環境」に類型化できる．一般環境には，経済体制の種類や経済情勢，政治体制，天然資源，人口態様，文化等，さまざまな要因が含まれており，マクロ環境とも呼ばれている．課業環境には，政治的・法的な環境，技術環境，競争環境等があり，これらが企業に対しとりわけ直接的な影響を及ぼしている．企業は（経営）環境との相互作用の中で，生存し，存続し，成長・発展し，あるいは衰退していくような「オープン・システム」であると捉えられており，オープン・システムは「環境の変化に適応していくために，自らの行動を決定し，またその構造を修正する必要がある」とされている（桑田・田尾（2010），55 ページ）．環境変化への適応のために必要となる企業の意思決定や行動に対し，方向性や指針を提供するものが，「経営戦略」であるといえる．

---

[37] バーナードによると，「組織に適用される場合の「能率」という意味は，組織活動を引き出すに十分なほど個人の動機を満足させて，組織活動の均衡を維持すること」（バーナード（1938），（邦訳）250 ページ），「組織の能率とは，その体系の均衡を維持するに足るだけの有効な誘因を提供する能力である」（バーナード（1938），（邦訳）97 ページ）と定義している．

[38] バーナードによると，組織の有効性は「最終目的を達成するために全体情況のもとで選択された手段が適切であるかどうかということだけに関係がある」（バーナード（1938），（邦訳）246 ページ）と述べられている．

[39] 英語の management を邦訳すると，「経営」「管理」「経営管理者」のいずれかがその訳語となる．管理とは組織の中で分化した各職能における活動を指し，これは主にミドル・マネジメントの担う役割である．他方，経営とは組織全体に関わる活動であり，トップ・マネジメントがその役割を担っている．

ところで，元々は軍事用語として用いられていた「戦略」（strategy）という言葉が経営学に転用されるようになってから，まだ60年ほどしか経過していない．A. D. チャンドラー，Jr.（1962）は戦略について「企業の長期的目標と目的の決定，行動指針の採用，目的を達成するために必要な資源配分」であると定義し，戦略と組織の関係について論じた．中でも，多角化戦略をとる企業はその戦略を有効に機能させるために事業部制組織にした方がよいという実証を通じて「組織は戦略に従う（"Structure follows strategy"）」という有名な命題を主張した[40]．この研究をきっかけとして，経営学において経営戦略論が論じられるようになった．

経営戦略論が独立した研究分野として確立したのは，H. I. アンゾフ（1965）によってである[41]．彼の研究がその後の経営戦略論の研究の進展に大きな影響を与えているといわれる．アンゾフは組織における意思決定を「戦略的意思決定[42]」，「管理的意思決定[43]」，「業務的意思決定[44]」と分類した．この中で戦略的意思決定は，他の意思決定と比べると，不確実性が高く非反復的なものであり，このような「部分的無知の状態のもとでの意思決定のためのルール」が経営戦略であると定義した．そして経営戦略の構成要素は「製品・市場の領域」，「成長ベクトル」（表3.1 参照），「競争優位性[45]」，「シナジー[46]」の四つであるとした．アンゾフは戦略策定のためのプロセスについても言及している．戦略的意思決定は部分的無知の状態のもとでなされるものであるから，戦略の策定は企業目的に沿って，段階的にその内容や範囲を確定していけばいいという適応的探求方法（adaptive search method）を彼は提唱した．これは今日の戦略策定のプロセスにおける流れの原型的な考え方の提示であったといえる．

表 3.1　成長ベクトル

使命（市場）＼製品	現有製品	新製品
現在の市場と使命	市場浸透	製品開発
新しい市場と使命	市場開発	多角化

（出典：H. I. アンゾフ，広田寿亮訳『企業戦略論』産業能率短期大学出版部，1969 年．）

アンゾフの研究の後に，C. W. ホファーと D. シェンデル（1978）はさらに研究を深めている[47]．彼らは経営戦略を「組織がその目標を達成する方法を示すような，現在ならびに予定された資源展開と環境との相互作用の基本的パターン」と定義した．そして彼らは，戦略にも階層があると指摘し，組織の戦略は，①「全社戦略」，②「事業戦略」，③「機能分野別戦略」の三つのレベルに分けられるとした．彼らは戦略の構成要素についても言及しており，「領域（組織のドメイン（domain））」，「資源展開（組織の独自能力（distinctive competences））」，「競争優位性」，「シナジー（相乗効果）」という四つの構成要素があること，そして全社戦略，事業戦略，機能分野別戦略のそれぞれにおいて，この四つの構成要素があると指摘

---

[40] Chandler, A. D., Jr., *Strategy and Structure*, The MIT Press, 1962.（有賀裕子訳『組織は戦略に従う』ダイヤモンド社，2004 年．）

[41] Anzoff, H. I., *Coprate Strategy*, McGrow-Hill, 1965.（広田寿亮訳『企業戦略論』産業能率短期大学出版部，1969 年．）

[42] 戦略的意思決定とは，企業と環境との効果的な関係を確立する意思決定のこと．組織の方向性や目的，特に多角化，製品市場の拡大，成長の方向等が決定される．

[43] 管理的意思決定とは，組織構造や資源配分に関する意思決定のこと．

[44] 業務的意思決定とは，業務における資源の効率的利用に関わる日常的で反復的な意思決定のことで，予算や監督，統制に関わること．

[45] ここでいう競争優位性とは，企業が競争上の優位性を生み出すための製品，市場の特性のこと．

[46] シナジーとは，製品・市場分野間の相乗効果のこと．

[47] Hofer, C. W. and D. Shendel, *Strategy Formulation: Analytical Concepts*, West Publishing Co., 1978.（奥村昭博・榊原清則・野中郁次郎訳『戦略策定：その理論と手法』千倉書房，1981 年．）

した．ただし，これらの要素の相対的重要性と特性は戦略のレベルによって異なると指摘しており，その詳細に関する言及もなされている．さらには戦略策定プロセスに関しても触れている．彼らは，戦略策定プロセスは組織の戦略策定における一つの特殊な問題解決プロセスと考えられるとし，全社戦略の戦略策定プロセス，および事業戦略の戦略策定プロセスについて，詳細に示している．

　このように 1960 年代以降，経営戦略論において上述のような研究を源流として，企業経営のあらゆるレベルにおいて戦略が論じられるようになり，今日に至るまでさらに実に多様な研究が展開されている．今なお経営戦略の定義をめぐって多様な見解が存在しており，またその時代時代の経営環境を背景として注目を集める理論にも流行のようなものがみられる．戦略形成についての考え方をめぐっても多様な見方（学派）が存在しており，経営戦略論におけるこのような状況を H. ミンツバーグ（2009）は "戦略サファリ" と表現している．ただしミンツバーグがまさに彼の著書『戦略サファリ』において次のように指摘していることは，経営戦略論について学ぼうとするわれわれにとっても示唆に富むであろう．彼はよく引用されるがあまり知られていないという寓話を引用しながら，次のように述べている．

盲目の男たちと象

（中略）

インドスタンに 6 人の男たちがいた．

学ぼうという気持ちが強く，

象を見に出かけた．

（全員目が見えなかったが）

じっくり観察すれば

心が満たされるだろう，とみんな考えていた．

（中略）

　われわれがこの盲目の男たちであり，戦略形成とはこの象のようなものである．誰も象の全体像を見ようというビジョンをもたず，どこか一部分を捉えるだけで，（中略）．部分を足し上げたところで象を理解できるわけではない．本当の象はそれ以上のものなのだから．しかし全体を理解するためには，まず部分を理解することが必要だ．

　（中略）目の見えない男たちと同じように，それぞれのスクール[48]が戦略形成のプロセスにおける 1 つの特徴に焦点を当てて，ユニークな見解を示している．その見解の 1 つひとつはある意味では狭量で，しかも誇張されすぎている．しかし別の見方をすれば，それぞれが興味深くまた洞察力に富んでいるのだ．象は鼻ではないが，たしかに鼻をもっている．そして，鼻の特徴を語らずして，象がどのような動物であるかを理解するのは難しい．また，目が見えないというハンディキャップが思わぬ利点を生み出す．それは，他の感覚が研ぎ澄まされることで，逆に目が見える者が見落とすような微妙

---

[48] ここでいうスクールとは，学派のこと．ミンツバーグは『戦略サファリ』において，経営戦略論には 10 の学派があるという分類を提示している．

な点を発見することがあるということだ[49].

　上述のミンツバーグの指摘から示唆されることとして，われわれが経営戦略について考えるためには，① まずは対象を見るための"レンズ"（対象の見え方を左右するものとしての比喩）のレパートリーとなるものとして，経営戦略論において多様に展開されている研究のそれぞれについて理解を深めること，② そして対象に迫るために複数のレンズを臨機応変に適切に組み合わせることで，対象がよりよく見えるように努めることが求められているといえよう．

　ここまで，多様な理論展開そして多様な学派の存在する経営戦略論の現在について述べてきたが，ここから本章では，経営戦略についてなるべく包括的に捉えて話を進めてみたい．

1.　戦略とは何か

　経営戦略は論者によってさまざまな定義が提示されていると前述したが，それらの定義の底流に共通するものを捉えてみると，経営戦略とは簡単にいえば，経営環境と企業との関わりの中で「個々の企業が「どうありたいか」と考え，その理想とする状態に「いかにしてたどりつくか」」（青島・加藤（2012），10ページ）について考え描いたシナリオのようなものであるといえそうである．前述の通り，経営戦略に関し統一的な定義は存在していないが，多様に存在する定義の中でより包括的に経営戦略を捉えている定義をここでは採用して紹介したい．

　それが「市場の中の組織の活動の長期的な基本設計図」（伊丹（2007），159ページ）という定義である．以下この定義について，伊丹の著書から該当する箇所を引用して詳しく見ていこう[50].

　　「市場の中の」という言葉は，戦略のよし悪しは，あくまで市場の中で判定されることを強調している．戦略は，顧客のニーズ，競争相手の動向，そうした市場の状況をしっかりにらんだ上での基本方針でなければならない．そして，いい戦略は結局顧客を勝ち取れる戦略である．顧客が戦略の最終審判なのである．（中略）

　　「組織の」という言葉は，戦略が人間集団を率いるための構想であることを含意している．心も知恵も感情もある人間のベクトルを合わせ，奮い立たせられる力がなければならない．戦略は単に生命のないカネやモノの集団の設計図ではなく，生身の人間集団の活動の設計図なのである．

　　だから，戦略の内容を考えるときに，人間くさい配慮をし人々が燃え立つような内容をもつことに配慮することが重要となる．人を動かせるか，ということである．（中略）

　　「活動」という言葉は，戦略が実行可能なアクションの構想でなければならないことを含意している．戦略は市場の中での現実の指針となるべきものである．実行可能なアクションがきちんと入っている，あるいは現場ですぐに行動を構想できるような基本方針でなければならない．また，活動が実行できるために必要であるはずの資源の裏づけがきちんとなされている必要がある．

---

[49] Mintzberg, H., B. Ahlstrand and J. Lampel, *Strategy Safari: The Complete Guide Through The Wilds of Strategic Management*, 2ed., Pearson Education Limited, 2009.（齋藤嘉則監訳『戦略サファリ　第2版』東洋経済新報社，2013年，2-5ページ．）
[50] 伊丹敬之『経営を見る眼』東洋経済新報社，2007年，159-161ページ．

カネもヒトも配分しないでおいて何かを達成せよと言うのは，単にスローガンにすぎない．たんなるかけ声，スローガンは戦略ではない．（中略）

「長期的」という言葉は，長い時間的視野を見すえた構想が必要であることを含意している．今何をして，それが将来にどうつながるかという長期的な絵がないと，不安で今の活動にも力が入らない．あるいは，将来のために，現在を犠牲にするような活動をとってまで蓄積をすべきときがある．その蓄積のプランがないと，短期的視野ではすぐに蓄積枯渇で事業活動が立ちゆかなくなる危険が大きい．

短期のその場しのぎの構想では，とてもいい戦略とは言えない．

「基本的設計図」という言葉は，二つのことを含意している．

まず，「基本」という言葉が使われているのは，大きな構想を語るのが戦略であって，ディテールを設計することではないことを意味する．細かな実施計画の詳細まで事前に設計することなど，できない．そうした詳細は現実の動きに合わせて柔軟に決めていくべきものである．しかし，その現実の柔軟な対応のための基本方針としての基本設計図は必要である．

さらに，設計するということは「こうなりたい」という意図や夢を込めた構想をすることを意味している．戦略はたんなる予測であってはならない．あるいは，現状延長の成り行きの構図でもまずい．「こうなりたい」という意思や構想，そしてそうなるためのシナリオ，その両方が揃ってはじめて設計図になる．

以上が本章で紹介したい経営戦略の定義とその意味するところである．伊丹が言うように「この定義に登場する五つの言葉はすべて，いい戦略が備えるべき本質を含意している」（伊丹（2007），159 ページ）ということができよう．

2.　戦略の論理

ところで，ここで一点，注意しておきたい．経営戦略論ではそもそも，"優れた戦略"をつくるための唯一絶対の勝利の法則のようなものは存在していない，とする考え方が大前提とされている．「戦略という企業を率いる基本方針の決定は，じつにさまざまな状況要因を考えたうえでの総合判断にならざるをえない．そして不確かな情報と不透明な未来を前提に下さなければならない判断にならざるをえない」（伊丹（2003），i ページ）ために，経営戦略の策定にさいしては経営環境等について企業がどのように捉えているのかという認知的側面も影響しているといえるからである．「戦略は，主体である経営者や成員の意志や思いと，彼らを取り巻く内外の文脈から形成されるダイナミックなプロセスという一面を持っている」（野中・紺野（2008），111 ページ）ということができる．

他方，「いい戦略には論理がある（中略）…戦略の内容が，戦略をとりまくさまざまな要因（たとえば顧客）とうまくマッチした状態（中略）をつくりだすように戦略の内容が工夫されているかどうか，それが戦略的成功のもっとも基本的なカギである」（伊丹（2003），20-21 ページ）という指摘があることも併せて紹介しておきたい．上述のように戦略策定は，不確かな情報と不透明な未来を前提とし，戦略策定者の主体性が入り込む認知的側面も影響する，ダイナミックなプロセスであるといえるが，このような戦略

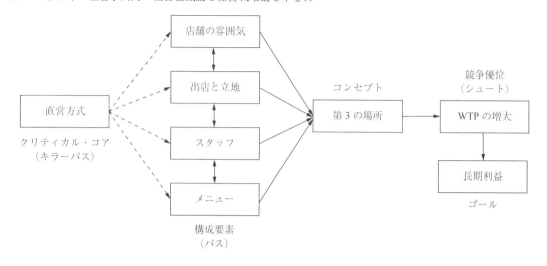

図 3.4　スターバックスの戦略ストーリー
(出典：楠木建『ストーリーとしての競争戦略』東洋経済新報社，2010 年，308 ページ.)

に対する思考様式は「ストーリーづくり（story-telling）」（楠木（2008），96 ページ）であることが求められていると指摘することができる.「戦略の構成要素が，どのようにつながって，全体としてどのように動き，その結果何が起こるのか」,「全体のかたちと流れが生き生きと浮かび上がってくる．これが「ストーリーになっている」ということです」と楠木（2003）は述べている（図 3.4 参照）.

　つまり経営戦略とは，企業を取り巻く経営環境との相互作用の中で「個々の企業が「どうありたいか」と考え，その理想とする状態に「いかにしてたどりつくか」」（青島・加藤（2012），9 ページ）を描いたものであるが，「そこにストーリーがあるか．これが優れた戦略の本質の 1 つだ」（楠木（2003），95 ページ）といえ，「自分にとっての最後の判断のよすがとして本当に頼れるためには，その論理体系は自分なりに納得して手づくりでつくったものでなければならない．借りものではだめである」（伊丹（2003），ii ページ）ということができる．そして経営戦略論において展開されている多様な研究や理論とは，こうした経営戦略を策定するにさいして参考となりうる考え方や視点など，材料の提供において貢献するものであるということができるのである.

第 5 節　本章のまとめ

　本章では，経営学の概略について触れ，そしてその中でさまざまに展開されている各論の中でも柱とされている経営戦略論および経営組織論について，いかなる研究が展開されているのか，それぞれの学説史などもごく簡単に交えながら述べた.

　経営学とは組織を対象とし，組織の行動を総合的に説明しようとする学問である．組織の行動といってもそれには実際のところさまざまな側面があり，組織のある側面に着目するような個別の研究分野や研究領域が設定され，その研究範囲にて各論が展開されている．経営学とはこれらの各論の総称として用いら

れている呼称である．経営学は 100 年ほど前から研究されるようになったばかりの若い学問領域であり，経営学に確たる統一パラダイムは存在せず，多様なパラダイムが並存している．研究対象である組織の行動に対し経営学では多様な分析視点，すなわち，個人レベル，組織レベル，あるいは環境レベルからアプローチがなされており，また分析視点に応じて分析の理論基盤とする学問も経済学，社会学，心理学，哲学などというように多様な学問が応用されている．こうして経営学では実に多様な理論が展開されている．組織の行動の考察にさいしては，こうした多様な研究を通して多面的に対象に接近して総合的に対象を捉えることが，組織の行動を総体として理解するために必要である．

　経営組織論は，いかにしたら組織の力が最大限に発揮できるようになるのかという問題意識のもと，組織の行動や構造そしてそのメカニズムについて明らかにしていこうとする学問である．組織に焦点を当てた「マクロ組織論」，組織を構成する人に焦点を当てた「ミクロ組織論」が経営組織論において展開されてきた．また経営組織論では組織の概念をめぐってもさまざまな議論が展開されてきたのだが，本章では組織の定義をバーナードに求め，組織を「二人以上の人々の，意識的に調整された諸活動や諸力の体系」であると捉えている．この組織観から展開された組織の成立と存続をめぐる議論について，ワイクの議論そして組織均衡論も交えながら本章にて概観した．そして，能率と有効性を⊠概念としながら，組織成立のための必要十分条件である組織の三要素や，組織存続の条件についてみてきた．

　経営戦略論では今日に至るまで実に多様な研究が展開されており，経営戦略の定義をめぐっても多様な見解が存在しているのが現状である．本章ではまず，経営戦略論の研究の源流となったチャンドラー，Jr.，アンゾフ，ホファー＝シェンデルの研究を概観しながら，その研究領域の拡がりについてみてきた．続いて，よい戦略とは何かをめぐる考察についても触れた．

　本章を通じて，経営学とは何か，そして経営組織論や経営戦略論がどのような議論を展開しようとしているのか，その全体像の概略を掴むことができただろうか．

参考文献

- Barnard, C. I., *The Functions of the Executive*, Harvard University Press, 1938．（山本安次郎・田杉競・飯野春樹訳『新訳　経営者の役割』ダイヤモンド社，1968 年．）
- 伊丹敬之『経営戦略の論理（第 4 版）』日本経済新聞社，2012 年．
- 楠木建『ストーリーとしての競争戦略』東洋経済新報社，2010 年．
- 桑田耕太郎・田尾雅夫『組織論（補訂版）』有斐閣，2010 年．
- Mintzberg, H., B. Ahlstrand and J. Lampel, *Strategy Safari: The Complete Guide Through The Wilds of Strategic Management, 2ed.*, Pearson Education Limited, 2009．（齋藤嘉則監訳『戦略サファリ　第 2 版』東洋経済新報社，2013 年．）
- Simon, H. A., *Administrative Behavior, 4th ed.*, The Free Press, 1997．（二村敏子・桑田耕太郎・高尾義明・西脇暢子・高柳美貴訳，『経営行動：経営組織における意思決定プロセスの研究』（新版），ダイヤモンド社，2009 年．）

さらに深く学ぶために参考となる **Web** サイト

（1）企業情報に関するホームページ

　1）企業概要

- 「日経テレコン」：日本経済新聞社が発刊する新聞を統合検索できて本文を読むこともできる

  （有料サービスのデータベースです．学生のみなさんは，大学図書館などで利用できないか，ぜひ確認してみて下さい．）

- 「各社ホームページ」

　2）メディア

- 「日本経済新聞社」：日本最大手の経済新聞　　https://www.nikkei.com/

- 「日本工業新聞社」：産業関係の新聞社　　http://www.nikkan.co.jp/

　3）諸団体

- 「経済同友会」：経営者団体．最近の日本企業の動向　　https://www.doyukai.or.jp/

- 「日本経済団体連合会」：経営者団体．最近の日本企業の動向　　http://www.keidanren.or.jp/indexj.html

- 「日本商工会議所」：経営者団体．最近の日本企業の動向　　http://www.jcci.or.jp/

- 「全国中小企業団体中央」：経営者団体．最近の日本企業の動向　　http://www.chuokai.or.jp/

（2）　産業統計に関するホームページ

　1）政府機関

- 「政府統計の総合窓口」：日本の統計が閲覧できる政府統計ポータルサイト　　https://www.e-stat.go.jp/

第4章

資本主義経済の展開とグローバリゼーション
―多国籍企業の視座から―

本章の概要

　18世紀末からの経済社会は，急速な経済成長と格差拡大が並行して展開してきた．さらに，商品の国境を越えた取引である国際貿易，資本や労働力といった生産要素の国際移動も活発化し，20世紀末以降グローバリゼーションと呼ばれるようになってきた．しかし，2010年代後半にはアンチ・グローバリゼーションの高まりも見せている．そのグローバリゼーションを主導してきたのが，多国籍企業であり，その巨大さだけでなく，国際的なネットワークの構築によって，多大な影響を及ぼすようになってきている．

第1節　はじめに

　現代の我々は，豊かで多様な選択肢のある経済活動を享受しているが，多くの問題も抱えている．少子高齢化社会の進展，国家財政赤字と政府債務の拡大，地球温暖化に代表される世界的な環境問題などを思い浮かべれば，諸問題の存在を理解できよう．全ての問題を網羅的に検討することは困難であるが，近年のアンチ・グローバリゼーションの高まりは，世界経済に大きな緊張を強いるものとなっており，将来に対する危惧はぬぐえない．アンチ・グローバリゼーションがもたらす緊張の根源は，過去30年ほどの間に進んできたグローバリゼーションであるが，これを主導してきたのは多国籍企業と呼ばれる存在である．このような現状認識を踏まえ，本章では以下の問いに答えていく．現在のような経済社会は，何時から，どのように実現したのか？（第2節）グローバリゼーション，アンチ・グローバリゼーションとは如何なるものか？（第3節）何故，企業は国境を越えて活動を広げ，そのことの意味は何なのか？（第4節）

第2節　資本主義経済の特徴

　人類の経済社会は，過去200年間に大きく変化してきた．経済史家のダグラス・ノースは，古代ギリシャ人が18世紀半ばのイギリスにタイムスリップしても，多くの共通点を見出すだろうが，20世紀後半であれば，異星に連れてこられたと見間違うだろう，と述べている（ノース，2013，289頁）．過去200年

間の急速な**経済成長**，**経済格差**の拡大，そして，**国際化**の進展の三つについて確認していこう．

1. 急速な経済成長

　過去 200 年の変化を客観的な数字で示す最も簡便な方法は，**国内総生産（Gross Domestic Product, GDP）**の推移を見ることである．GDP やその成長率は，日常的にニュースなどで取り上げられ，耳馴染のあるものではあるが，それはごく最近使われ始めたものである．そのため，18 世紀から 19 世紀にかけての転換点からの変化を見るためには，過去の経済社会に関する推計に頼ることになる．経済協力開発機構（Organisation for Economic Co-operation and Development，OECD）は，オランダの計量経済史家のアンガス・マディソン主導の下で，そうした推計を行った．この推計を基に，本節での検討に必要な数字を取りまとめたものが，以下の表 4.1 である．

表 4.1　世界経済の推移

	0 年	1000 年	1820 年	1950 年	1998 年
実質 GDP（1990 年 10 億ドル）	102	116	694	5,336	33,726
一人当たり GDP（1990 年ドル）	444	435	667	2,114	5,709
人口（100 万人）	231	268	1,041	2,524	5,908

（出典:マディソン（2004）より作成）

　1990 年アメリカ・ドルの価値で換算した実質 GDP の推計値は，過去 2000 年間における変化，並びに，19 世紀初頭からの急成長を示している．確かに，紀元 0 年から 1000 年，そして，1820 年にかけて，世界全体の GDP は徐々に増加してきている．すなわち，紀元 0 年からの 1820 年の間に世界の GDP 規模は 7 倍弱になっている．しかし，その 180 年後の 1998 年の数字は，1820 年のそれから 50 倍近い増加を示している．GDP は，一人当たり GDP に人口を乗じたものであるため，GDP の拡大はこれら二つの変数の変化に分解して考えることが出来る．0 年から 1000 年までの間に一人当たり GDP が減少しているにもかかわらず，GDP が微増しているのは人口増加があったからである．1000 年から 1820 年にかけての GDP 拡大の大部分は，人口増によって説明される．それに対して，1820 年以降の GDP の上昇は，確かに，人口が 6 倍近く増加したことはあるにしても，一人当たり GDP が 8 倍以上拡大したことが大きく寄与している．一人当たり GDP とは，一人の生産者が生産する付加価値生産量を意味しており，経済学では**生産性**と呼ばれる．つまり，19 世紀からの急速な経済成長は，生産性の改善に拠るものである．このような生産性の改善を通じた急速な経済成長は，**資本主義経済**の誕生として，多くの議論を生み，経済学誕生の契機ともなった．

2. 格差の拡大

　GDP の成長によって示される生産の拡大は，単純に称賛されるだけのものではない．この間の経済成長が，格差の拡大を伴う特異な成長でもあったからである．表 4.2 は，一人当たり GDP の成長について，西欧や日米等の「**先進国群**」と発展途上国と旧社会主義圏を含む「それ以外」に分けて，その推移を見たも

のである．紀元 0 年から紀元 1000 年にかけて，一人当たり GDP が低下しているが，地理的格差はほとんど見られない．しかし，1820 年には，先進国群は世界平均よりも 1.7 倍の一人当たり GDP を産出しているのに対し，それ以外（その多くには，植民地化された国々が含まれている）の一人当たり GDP は世界平均を下回っている．しかも，1820 年以後の世界経済全体の急速な経済成長の下で，両者の差はむしろ拡大している．1820 年時点では未だ 2 倍強であった「先進国」と「その他」の格差は，1998 年には 7 倍弱となり，絶対額の格差は 560 ドル弱から 18,000 ドル強にまで開いている．

表4.2　一人当たり GDP の推移（1990 年ドル）

	0 年	1000 年	1820 年	1950 年	1998 年
世界平均	444	435	667	2,113	5,709
先進国群＊	443	405	1,130	5,648	21,470
それ以外	444	440	573	1,094	3,120

＊：西欧，日，米，加，豪，ニュージーランド

（出典：マディソン（2004）より作成）

経済格差は，例えば，古代世界における皇帝・王侯貴族と平民・奴隷との間のように，古くから存在していた．しかし，資本主義以前の世界においては，そうした格差は政治的な力関係，つまり，支配と被支配という関係によって説明されるのに対し，19 世紀以降の世界における経済格差は，むしろ経済的な力によるところが大きい．このことは，第二次世界大戦以前までの宗主国ー植民地関係下において，現在の発展途上国がまさに搾取されていたことを否定するものではない．しかしながら，第二次世界大戦後に多くの植民地が独立を果たしたにもかかわらず，先進国との格差は殆ど狭まらなかったことも事実である[1]．

3.　国際化の進展

急速な，しかし，格差を拡大しながらの経済成長は，同時に経済の国際化と同時並行的に進行してきている．表 4.3 は，1870 年から 1998 年までの世界輸出総額とその対 GDP 比率を簡単にまとめたものである．

表4.3　世界の商品輸出（10 億 1990 年ドル，%）

	1870 年	1913 年	1929 年	1950 年	1973 年	1998 年
輸出額	50	212	334	296	1,691	5,817
対 GDP 比率	4.6	7.9	9	5.5	10.5	17.2

（出典：マディソン（2004）より作成）

1990 年ドル価値で表示した世界の輸出金額は，二つの波を示している．すなわち，1929 年大恐慌までの増加傾向と 1950 年を底とした再増加傾向である．前者が，第一次グローバリゼーション，後者のうち，特に，1990 年代以降を第二次グローバリゼーションと呼ぶこともあり，この第二次グローバリゼーションについては，次節で詳細に検討する．なお，この表には示していないが，1929 年大恐慌後の 1930 年代

---

[1] 20 世紀終盤以降，経済格差は独特な特徴を示すようになってきている（ミラノヴィッチ，2017）．すなわち，先進国と途上国（の一部）との間の格差が縮小し始めているのに対して，各国内，特に，先進国内での経済格差が拡大してきている．このような状況は，国際関係と各国内の政治に大きな軋轢，緊張を生む要因となっている．

の輸出額は，大恐慌前の水準を回復することなく，第二次世界大戦に突入することになる（マディソン，2000，347 頁）．しかし，第二次世界大戦後の復興が果たされた 1950 年以降は，一貫した拡大を示している．このことは，生産された財の取引が行われる市場が国内に留まることなく，紆余曲折を経ながらも，国境を越えて広がり，各国経済の国際的連関が深まってきていることを意味する．

　輸出の対 GDP 比率動向を見ると，経済の国際化度合いがより明確になる．輸出の対 GDP 比率の推移は，1929 年大恐慌直前に一旦ピークの 9.0% に達した後，貿易額の縮小もあって第二次世界大戦後の 1950 年には 7.0% と，第一次世界大戦前の 1913 年の 8.7% すら下回ることになる．1950 年代以降の高度経済成長期には，再び上昇基調を示している．マディソンによる推計の最新値である 1998 年には，17.2% にまで上昇してきている．対 GDP 比率の上昇は，国内生産物の内でより多くが国外の需要者向けのものとなってきていることを意味する．他方，世界全体で見た場合に輸出は輸入でもあるのだから，国内での個人的，または，生産的消費にとって，国外から調達分が大きな割合を占めるようになってきているのである．後に見るように，このような経済成長と国際化の同時進行は，相互に原因であり，結果でもある．経済の国際化は，1990 年代以降さらに進んできており，第 3 節でさらに分析を深めていく．

4.　経済の質的変化

　先に見た変化は GDP や貿易額で見たものであり，経済の**量的拡大**を示すものであるが，過去 200 年の変化は，同時に，多くの側面で**質的な変化**を伴うものでもある．まず，**産業構造**の変化が挙げられる．**農業**に代表される第一次産業中心の経済構造から，イギリスでの**産業革命**を通じて**製造業**が主導するものへ，さらには**サービス業**に経済の重心が移ってきている．農業が，人口を養うに足るだけの食料を生産できなければ，当然，人々は食糧生産に専心しなければならないが，土地の開拓，肥料投入，農機具の進歩等の農業生産方法の改善は，食糧生産を拡大させる．しかし，農業生産力の拡大が食糧需要を凌駕することになれば，余剰な労働力人口を生み出すことになる．産業革命を契機に進んだ製造業の勃興は，工場においてそのような余剰労働力を吸収してきた．さらに，工場など設備投資の巨大化は，生産物を売りさばくための市場の拡大を必要とするが，それに伴う取引費用の多様化と増大も進めることになる．この問題を解決するために，商業，金融業などのサービス業が発達する．他方，モノの消費の飽和化に伴うサービス需要の高まりが，経済のサービス化を進めることになる．

　経済の量的拡大とともに，生産と消費の**多様化**も進んできた．このような変化の過程は，新たな財，サービスが提供されるようになってきたからであり，それに伴って従来消費されていたものの重要性が低下し，極端な場合には消費されなくなってしまう事もある．例えば，薪や木炭は重要なエネルギー源であったが，それらは石炭に，やがては石油やガスに変わったこと，二次的エネルギーとしての電気が重要になってきたことが挙げられる．輸送手段については，徒歩や馬などから列車，自動車へと変化し，帆船は蒸気船を経て内燃動力船，そして，飛行機へと変わってきた．また，100 年前には存在しなかったような財，サービスであっても，現在の我々の生活には欠かせないものもある．コンピューター，インターネットなどを挙げれば，その具体的イメージを得られるであろう．

5.　変化の要因と意義

　人類は過去 200 年間に，時に歪みと質的変化を伴いながらも経済を成長させてきたが，それは如何にして果たされたのであろうか？　この問いへの答えは，三つの要因の複合的作用に拠る，と言える.

　第一の要因は，**市場**の活用である. 各経済主体が財・サービスを消費するためには，自ら生産するか，他者が生産したものを何らかの方法で取得しなければならない. 自ら全ての財・サービスを生産し，消費するという**自給自足体制**は，個人や村落のような共同体レベルはもとより，たとえ国家レベルであっても，大きな制約下におかれる. それに対して，ある程度自らの得意分野での生産に特化し，自ら消費しないものを，他者が生産したものとの交換によって手に入れることは，当該社会全体の生産性を著しく改善する. 自己の消費でなく，他者の消費を前提に生産，交換される財，サービスが商品であり，そのような商品の需要者と供給者の出会う場が市場と呼ばれる. 別の視点から見れば，市場での**商品交換**を前提に，**社会的分業**が構築され，広がることによって，当該社会は経済を拡張しうるのである.

　市場を通じた商品交換がもたらす生産性の改善について，数値例で確認していこう. 表 4.4（a）は，生産・消費者が市場を利用しない場合，自給自足の状況である. 今，リサとミゲルの二人が，コメとミカンを生産し，消費しうるものと想定する. 両者は，コメかミカンの何れかのみの生産に特化すれば，両方を同時に生産するよりは特化した財を多く生産できるとする. 例えば，リサは，コメの生産に特化すれば 50 トンを生産し，ミカンの場合には 1250 個を生産しうるが，コメとミカンを同時生産すれば，最大 30 トンと 500 個を生産するのが限界であるとする. ミゲルの生産性は，コメでもミカンでもリサより劣るため，生産を特化しても，コメ 20 トン，または，ミカン 1,000 個しか生産できず，両方を生産した場合の最大量の組み合わせは 14 トンと 300 個とする. リサ，ミゲルともに，コメとミカンの両方の消費を望む時，表 4.4（a）のような条件，技術的制約下では，両者をあわせた生産総量は，コメ 44 トン，ミカン 800 個となる.

　今，何らかの理由により，リサとミゲルの間で生産物の交換が可能となる. すなわち，両者の間で市場が成立する状況を考えよう. 表 4.4（b）は，その際の数値例である. コメとミカンの生産は，表 4.4（a）の制約と同じ，つまり，技術進歩は生じていないとする. 両者は，自らが生産したもの（コメ，または，ミカン）と市場での交換によって得られたもの（ミカン，または，コメ）を消費できることになる. リサは，コメへの生産特化により，自給自足の時の 30 トンより多い，50 トンのコメを生産できることになる. ミ

表 4.4

（a）市場活用の利益（自給自足）

		コメ	ミカン
リサ	コメ特化	50 t	0 個
	ミカン特化	0 t	1,250 個
	自給自足	30 t	500 個
ミゲル	コメ特化	20 t	0 個
	ミカン特化	0 t	1,000 個
	自給自足	14 t	300 個
合計	自給自足	44 t	800 個

（b）市場活用の利益（生産特化と交換）

		生産	交換	消費
リサ	コメ	50 t	15 t	35 t
	ミカン	0 個	600 個	600 個
ミゲル	コメ	0 t	15 t	15 t
	ミカン	1,000 個	600 個	400 個
合計	コメ	50 t	15 t	50 t
	ミカン	1,000 個	600 個	1,000 個

ゲルは，自給自足時のミカン 300 個ではなく，1,000 個のミカンを生産することになる．リサは自らが消費しないコメを，ミゲルはミカンを市場に持ち寄り，両者が合意できる交換比率，この数値例では，コメ 15 トンをミカン 600 個と交換することになる．その結果，両者の消費水準は，右端のようになるが，これは表 4.4（a）における自給自足時の消費水準よりも高いものになる．市場を利用することによって，生産消費水準の拡大が可能になるのであり，その際，既存の技術を利用し続けたとしても，そのような拡大が可能となるのである．

　第二の要因は，**資本蓄積**を通じた生産の拡大である．生産されたものは，次期に同じだけの生産を維持するための投入物が残されてすべて消費される場合もあれば，消費されつくさない場合もある．生産維持のための最低限を控除し，残りを消費する場合，次期も，次々期も，同規模の生産が繰り返されることになり，**単純再生産**と呼ばれる．消費されなかった余剰が，奢侈的な消費などに使われるのではなく，次期の生産に回される場合，生産は**複利**で拡大し続けていくことになり，**拡大再生産**と呼ばれる．何故ならば，今期生産されたものをすべて消費せず，その一定割合を次期の生産に振り向ければ，たとえ技術進歩が無くとも，その分だけ次期の生産量が増加するからである．その拡大した生産から，また次々期の生産に振り向ける残余が増えれば，さらに拡大が見込まれる．

　上述のような複利での生産の拡大を数値例で示したものが表 4.5 である．各期の投入は前期の残余とし，第 1 期には単純再生産の場合も，拡大再生産の場合も，投入は 10.0 とする．生産量は投入量の 10 倍，すなわち，投入 × 10 の量が得られるとし，消費には，単純再生産においては，生産量の 90% がまわり，拡大再生産の場合には 89.9% がまわるものとする．拡大再生産においては，第 1 期にわずか 0.1% だけ消費量を減らし，次期の生産開始時の投入にまわしたことによって，第 2 期には既に単純再生産のケースよりも生産，消費を拡大できている．そして，その後の両者の差はますます拡大していくことになる．資本蓄積とは，このようにして生産を拡大するものである．

表 4.5　単純再生産と拡大再生産

	資本蓄積無し：単純再生産				資本蓄積有り：拡大再生産			
	投入	生産	消費	残余	投入	生産	消費	残余
第 1 期	10.0	100.0	90.0	10.0	10.0	100.0	89.9	10.1
第 2 期	10.0	100.0	90.0	10.0	10.1	101.0	90.8	10.2
…		…				…		
第 10 期	10.0	100.0	90.0	10.0	10.9	109.4	98.3	11.0
…		…				…		
第 100 期	10.0	100.0	90.0	10.0	26.8	267.8	240.8	27.0

　三つ目の要因は，シュムペーター（1977）が「**イノベーション，技術革新**」と呼んだものであり，資本主義経済の動学を説明するものとなる．経済社会においては，土地，資本，労働といった**生産要素**の投入が行われ，財，サービスが生産され，市場を通じて販売される．既存の投入，生産，販売の過程を意識的に変更するものが，イノベーションである．自動車産業を例に，シュムペーターのイノベーションを具体的に説明していけば，大枠以下の五つのタイプがある．第一に，新しい財貨の生産，すなわち，**プロダク**

ト・イノベーションである．例えば，ガソリン自動車に代わるハイブリッド車などがこれにあたる．第二に，新しい生産方法，すなわち，プロセス・イノベーションとも呼ばれるものになる．手作りで部品を組み立てて自動車を生産していたものから，ベルトコンベアー上の流れ作業の中で部品を組みつけ，完成車を生産する方法への変更が，これにあたる．第三に，新しい販路の開拓がある．自動車市場は，長く，日米欧先進国が重要な市場であったが，所得水準の向上に伴って，新興市場を新たな市場として開拓することが，これにあたる．第四に，原材料や部品などの投入財の新たな調達先の開拓がある．従来は自社内で生産していた部品を他社からの購入，調達に切り替えることが，これにあたる．最後に，新しい組織の実現である．従来は国内でのみ事業展開していた企業が，国外にまでその子会社を設立するようなことが，これにあたる．これらのイノベーションを通じて，経済を構造的に変化させていくことが，「**創造的破壊，creative destruction**」と呼ばれるものになる．

　過去 2 世紀以上の資本主義経済の変化を主導してきた要因は，上述のような市場の活用，資本蓄積の推進，イノベーションの進展であった．もちろん，現実の経済はより複雑，かつ，多様な要因が作用するために，ここで例示したような単純な図式ですべて説明できるわけではない．また，これら三つの要因がうまく機能するためには，**制度**というものが大きな意味を持つ．それでも，市場，資本蓄積，イノベーションという三つの要因の重要性を看過すべきではない．

　ところで，上記の三つの要因と経済成長の関係は，次のように言い換えることもできる．財，サービス供給の量的な拡大やその内容の変化は，その供給方法そのものの変化を含む．消費される財，サービス全般は，我々が「**富（W）**」と呼ぶ集合を形成する．その中には，市場での交換を経たうえで消費されるもの「**商品（C）**」が含まれ，さらに**利潤**の獲得を第一義的目的として資本投下を行い，生産されるもの，「**資本主義的商品（K）**」が含まれている．これらの関係性は図 4.1 に示される．資本主義的商品を含む商品の中には，「**負の富，–W**」が含まれうる．市場と資本蓄積を通じて，C や K の部分が拡大することを通じて，我々の経済社会全体も拡張していくことになり，その際により多くの種類の富が生み出されるだけでなく，W-C-K の比率や関係性も変化していくことになる．

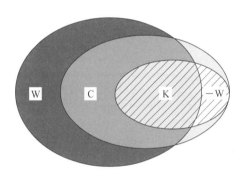

図 4.1　富の概念図
（出典：佐々木（2010）p.27 を著者修正）

　以上，現代経済の背景ともなる過去 200 年の経済社会の変化を見てきた．それは単線的，直線的な変化，成長ではなく，歪みと構造変化を伴うものであった．現代の経済社会はそのような歴史の延長線上に存在しているのであるが，直面している状況は如何なるものであろうか？　これが次節の課題となる．

第 3 節　現代経済における緊張

　2010 年代半ばから，アンチ・グローバリゼーションの勢いが増し，現代経済は国際化の延長上に緊張を内包するようになってきている．そこで，グローバリゼーションについて検討したうえで，アンチ・グローバリゼーションの具体例を見ていき，その意味するところを考えよう．

1.　グローバリゼーションの定義

　グローバリゼーション，または，**グローバル化**という言葉が使われるようになったのは，比較的新しく，この四半世紀ほどである．例えば，『通商白書』において，はじめてその言葉が登場してくるのは，平成 9 年（1997 年）版である．1997 年 5 月，『通商白書』発表に際して，佐藤信二通商産業大臣（当時）は「近年の世界経済のボーダーレス化，企業活動のグローバル化の進展には目を見張るものがあります」と述べている[2]．これが，『通商白書』で「グローバル化」という言葉が初めて使われた例であり，これ以降この用語が定着していく．ちなみに，それ以前は「**国際化**」という言葉が多く使われていた．

　日本政府によってグローバリゼーションという言葉が 1997 年あたりから使われだしたとしても，そこで明確な定義が与えられているわけではない．文脈から，グローバル化とは企業が国外への投資を通じて国際的に事業展開する事と推察できる．他方，経済・経営以外の分野，例えば，政治学，国際関係論，社会学などでも，グローバリゼーションは時代を表す言葉としてしばしば使われているが，その場合でも定義の統一がなく，議論がかみ合わない事が生じている[3]．そこでまず，本章における定義を与えることとする．グローバリゼーションとは「国境を超えて**商品**が取引され，**生産要素移動**が活発化する状況」とする．この定義は，一見，簡単なように見えるが，理解を深めるためにより詳しく説明しておこう．

　商品が国境を越えて取引される状況とは，通常は**輸出・輸入**，若しくは，**貿易**と呼ばれるものである．その商品には，物理的に実際に手で触れられるモノである財，並びに，触れることは出来ないが価値のある経済活動であるサービスの二つを含んでいる．そして，前者は**財貿易**，後者は**サービス貿易**と称される．このような財・サービス貿易が，一国経済にとって重要性を高めていく過程が，グローバリゼーションの一側面である．

　他方，生産要素の移動とは，**資本**と**労働力**の国境を越えた移動を指す．資本の国際的な移動は，**証券投資**と**直接投資**に大別される．前者の証券投資とは，**利子**や**配当**を得る目的で外国の**国債**，**社債**や**株式**などの**有価証券**を購入するために資金が移動するものであり，後者の直接投資とは外国における**事業会社**に対する**支配権**を獲得する形で資金が移動するものである．「支配権」をどのように定義するのか，ということは難しいところがあるが，統計作成上では，発行済み株式の 10%以上を取得することになれば，たとえ株式の購入であっても，証券投資ではなく，直接投資に分類される．国際間を移動するもう一方の生産要素

---

[2] 国立国会図書館インターネット資料収集保存事業，H13 年版以前の通商白書，平成 9 年版「通商白書の発表に際して」http://warp.da.ndl.go.jp/info:ndljp/pid/1246938/www.meti.go.jp/policy/trade_policy/whitepaper/html/backnumber.html 2015 年 9 月 6 日アクセス.

[3] イギリスの経済週刊誌，*The Economist*（2009 年 7 月 20 日号）によれば，globalisation の定義には 5000 もあるが，経済経営系で使われだしたのは 1983 年からと指摘している.

である労働力に関しては，生まれ育った国を離れ，他国に移動し，彼の地で働く**移民**や**外国人労働者**と呼ばれるものである．人々が国境を超える際には，観光目的の場合もあり，こうした動きが活発化してきていることはよく知られている[4]．しかし，これらは基本的に観光というサービスを購入するサービス貿易に分類されるものである[5]．

　ところで，グローバリゼーションが必ずしも不可逆的に進むものではないことも，踏まえておこう．次項で見るように，国境を超えた経済関係は，時に進展し，時に後退しうる．そして，そうした過程がなぜ生じるのか，その結果としてだれに対して，どのような影響を与えるものであるのか，という事を検討する際，グローバリゼーションが進展する場合と後退する場合では，当然その影響も異なってくる．

2. グローバリゼーションの実態

　商品が国境を超えて取引され，生産要素が外国へと移動する状況をグローバリゼーションと定義してきたが，その実態は如何なるものであろうか？　既に第1節で確認したように，グローバリゼーションは1929年に最初のピークを迎えるが，ここでは1990年代以降におけるグローバリゼーションの第二の波について，より詳しく確認していく．

　肌感覚的にグローバリゼーションを実感することは，さして難しくはない．我々の周りには，日本製ではない商品が満ち溢れ，多くの衣料品や家電製品を見れば，「Made in China」と書かれている．愛知県や静岡県などで生産される自動車は，日本国内はもとより，国外にも輸出されている．外国人観光客が訪日し，宿泊その他に支出をすれば，彼らが観光サービスを国際的に購入したことになる．日本のアニメやマンガが著作権によって保護され，正規ルートで海外に供給されれば，**知的所有権**の売買，サービス貿易の一端を成す[6]．このように，財・サービス貿易は，多くの場面で我々の生活と密接に関わり，その度合いがますます高まってきていることが，グローバリゼーションの一側面である．

　生産要素の国際的移動という面でのグローバリゼーションについても，同じように具体的事実によって確認することが出来る．日本企業が，国外に工場や販売拠点，研究所などを有するようになって久しい．企業のホームページや企業紹介，有価証券報告書などにあたれば，当該企業の在外事業について確認できる．例えば，スズキ自動車は，インドで長く現地生産を行い，インド自動車市場でシェア No.1 を占めており，トヨタ自動車はフランスのデザイン・センターで多くのモデルのデザインを行ってきている．自国企業が，国外に展開するだけでなく，外国企業が自国に進出してくるケースも多くある．アメリカ系小売企業であるコストコは，全従業員 9,300 人を抱え，会員制倉庫型ディスカウントストアを展開し，浜松市などにも店舗を有している．世界最大の自動車部品メーカーの一つに数えられるドイツのボッシュは，1911

---

[4] 自国における政治状況や安全面での問題故に，やむなく国外に移動する人々は難民と呼ばれ，近年ではシリアなどからドイツ，北欧を目指す流れが人々の耳目を集めている．難民は，非常に重要な問題ではあるが，経済・経営学からよりは，政治学，国際関係論からの接近が求められるものであり，本章では割愛する．

[5] 一国全体での国際経済関係について，その貨幣的側面を取りまとめたものが「国際収支表」である．各国政府の財務省，大蔵省，中央銀行等が，定期的にその数字を発表しており，日本では，財務省や日本銀行のホームページでその説明と実際の統計数字を得ることが出来る．財務省のホームページについては章末の**さらに深く学ぶために参考となる Web サイト**を参照．

[6] これらが，正規ルートで取引されなければ，海賊版として分類され，そうしたものが時に大きな話題となることもある．本章では，その具体的分析，検討はせず，海賊版の存在のみを指摘しておこう．

年には日本での事業を始め，5 つの工場，2 つのテスト・コースを有し，6,700 人の従業員，3,300 億円の売り上げを計上している．

　程度差は劣るものの，外国人労働者のプレゼンスも高まってきている．静岡県は，愛知県と並んで，日系ブラジル人を含む多くの外国人労働者が働いている県として有名である．銀行の ATM の画面に，英語と並んでポルトガル語の説明選択画面があることを見れば，日系ブラジル人が静岡に住み，外国人労働者として働いていることがわかるであろう．**単純労働者**のみならず，社長，重役などを含む**高度技能労働者**も多く日本で働いている．他方，多くの日本人が外国で働くようにもなってきている．海外で活躍するプロ・スポーツ選手が増えてきただけでなく，海外勤務のビジネス・パーソンもより一般化してきている．確かに，南米への移民は 1960 年代初頭で終わったが，日系企業の海外展開に伴い，子会社の社長や工場のチーム・リーダーなどとして，日本人が多く海外で働くようにもなっている．

　具体的事例を確認することは重要であるが，肌感覚的印象が必ずしも客観的事実と一致しないこともありうる．そこで，客観的なデータによって，グローバリゼーションの実態を確認することが重要になる．

　図 4.2 は，1990 年から 2019 年までの世界全体の輸出額とその対 GDP 比率をグラフ化したものである[7]．2010 年のアメリカ・ドル固定価格で見た財・サービス貿易は，1990 年には 4 兆ドル強であった．それが，2000 年には 8 兆ドル弱となり，2008 年のリーマン・ショック後に大きく落ち込んだ後，回復過程にあり最新 2019 年のデータでは 26 兆ドルに至っている．世界輸出の絶対額以上に，その対 GDP 比率の上昇は目覚ましいものがあり，1993 年までは 20%を若干下回る水準で推移していたものが，2000 年には 25%を超え，2019 年には 30.6%にまで達している．しかし，リーマン・ショック後の世界同時不況が襲った 2009 年には，前 2008 年の 30.7%から 26.5%へと大きな落ち込みを見せており，2019 年にようやく 2008 年水

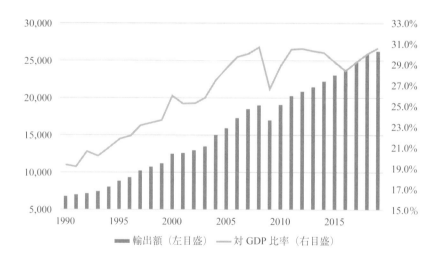

図 4.2　世界輸出の推移（金額，2010 年固定 10 億ドル；対 GDP 比率，%）
（出典：世界銀行データバンクより作成）

---

[7] 元のデータは，世界銀行のホームページから入手できる．そのアドレスは，章末の**さらに深く学ぶために参考となる Web** サイトを参照．なお，データの出所の違い，ドル換算方法の違いにより，前節のデータとは単純に比較できない．

準に回復したところである。この事から，グローバリゼーションは決して一直線に進むものではないことが，客観的事実によっても確認される。

　その実態把握は貿易ほど容易ではないが，生産要素である資本と労働も国境を越えて移動している。ここでは，後の議論との関係から，直接投資に即して事実確認を行おう[8]。直接投資とは，企業が国外にその支配権が及ぶ子会社を持つ形で投資することを意味し，利子や配当を得ることを目的に投資を行う証券投資とは区別される。ここで，支配権とは**議決権付き発行済み株式**の 10% 以上を取得するか，**役員派遣**等を通して実質的に経営に関与することを意味しており，**子会社**の中には，工場のみならず，研究開発拠点，販売関連会社，地域本社などを含んでいる。その方法としては，**新規設立，合併・買収（Merger & Acquisition, M & A）**，**合弁事業**などがある。そして，このような直接投資を実践し，事業を国際的に展開している企業が，**多国籍企業**と呼ばれているものであり，次節でさらに詳しく検討していく。

　多国籍企業の活動状況を客観的に把握する方法の一つは，直接投資金額やその対**粗固定資本形成（Gross Fixed Capital Formation，GFCF）**比率をみることである。以下の図 4.3 は 1990 年以降の受け入れ動向をまとめたものである。1990 年代半ばあたりまでは緩やかな増加傾向を示していたものが，それ以降は急速に上昇してきている。同時に，輸出以上にその上下動は激しく，過去 30 年間に 2000 年，2008 年，2015 年と三つのピークがある。2019 年現在の数値は 1 兆 4,000 億ドルで，未だ過去の最高水準を上回るどころか，減少傾向を示している。それでもこの間に，生産要素の一つである資本もまた国境を越えた動きを活発化させてきている事が確認される。

　上述のようなグローバリゼーションの進展は，大きく言って，三つの要因が促してきた。第一に，各種の技術進歩というものがある。輸送技術におけるコンテナ化や航空輸送の普及は，輸送単価を低下させ，輸送時間を短縮させてきた。これらによって，より安価に財，サービスを供給できるようになる。また，

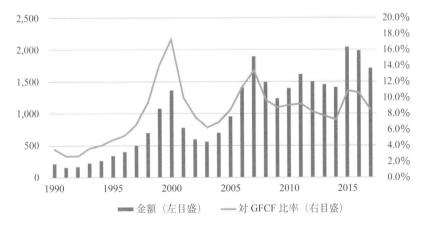

図 4.3　世界対内直接投資（金額，10 億ドル；対 GFCF* 比率，%）
（出典：UNCTAD データベースより作成）
*：Gross Fixed Capital Formation，粗固定資本形成

---

[8] 元のデータは，国連貿易開発会議（United Nations Conference on Trade and Development，UNCTAD）のホームページから入手できる。そのアドレスは，章末の**さらに深く学ぶために参考となる Web サイト**を参照されたい。

インターネットの普及を通じた情報通信技術の進歩は，遠隔地との取引や事業経営を効率的に行う事を可能にし，グローバリゼーションを促す.

　第二に，政策面での変化もまた，貿易や直接投資の活性化を促してきた. 日米欧の先進国は，第二次世界大戦終了後から，徐々に貿易の自由化を進めてきたが，1990年代には途上国もその流れに加わってきた. 貿易の自由化と並んで，外資系企業を積極的に受け入れ，生産，雇用，輸出を拡大しようとする政策志向が，東南アジア，中国で受け入れられるようになってきた. GATT/WTO，IMF，世界銀行などのグローバルな国際機関，EU，ASEANなどの地域的な国際機関がそのような貿易や資本移動の自由化を後押ししてきた. そして，これらの技術的，政策的変化が，資本主義経済の世界性実現を促すことになった.

　グローバリゼーションは，資本主義経済の国際化と同一線上にあり，内在的特性故のものである. 商品とは，自らの消費ではなく，第三者の消費を前提に生産される財，サービスであり，その第一義的目的は「より高い**価格**」で販売することである. このことから，国外でより高い価格で販売されうるのであれば，商品販売が国内に限定されなければならないという内発的な制限は存在しない. 他方，資本とは有効に活用されれば，**利潤**を伴って還流しうる一定額の貨幣であり，その第一義的目的は「より高い利潤」を実現することである. そのため，資本の投資先が国内に限定されねばならない，という内在的理由はない. つまり，グローバリゼーションとは，**資本主義経済**が内在的に持っている「世界性」が，何らかの理由によって外在的障壁が低下するのに伴い，現実化してきている現象なのである.

　ここで言う資本主義経済の世界性を制約する外在的障壁とは，多種多様なものがある. 政策的な障壁としては，関税や数量制限等の貿易制限，外資の参入規制や外国人労働者の就労規制がある. 例えば，日本はコメの輸入を厳しく制限している. 技術的障壁としては，サービスの様に国境を越えた移動が困難な場合がある. 散髪サービスの輸出は，ほとんどあり得ないであろう. 社会的な障壁としては，非経済的要因，繋がりが国際的な経済関係の進展を妨げるものである. 労働移動に際して，家族，友人などと離れ離れになってしまう事等が挙げられる. 文化的な障壁としては，宗教，習慣などの相違により貿易や生産要素移動が制約されるケースが指摘されうる. 北海道以外では，羊肉を日常的に食べる習慣のない日本では，関税などとは関係なく，鶏肉などに比べて羊肉輸入は相対的に少量である. このような障壁も，必ずしも，恒久的なものではなく，先に指摘したように，技術的，政策的，意図的に変化する中で，資本主義経済の世界性が展開し，グローバリゼーションとして顕現するのである.

3.　アンチ・グローバリゼーションの伸展

　グローバリゼーションとは，上記のように経済統計で確認できる客観的事象であるのに対して，そのような客観的事象に対する心情的，政治的，社会的反発が**アンチ・グローバリゼーション**である. そのため，客観的な数字によってその程度を示すことは難しく，実例を見ながら内容を確認していくことにする.

　アンチ・グローバリゼーションとは，国境を越えた経済活動の展開に対する反発であり，そのような流れを押しとどめ，逆転させることを望むような考え方や政策対応である. 抽象的な政策対応の例としては，外国商品の流入を抑制するための**関税賦課・引き上げ**や**数量規制**のような**保護主義**的措置が挙げられ，輸

入競争産業の雇用を守るという事から主張される．直接投資に関しては，外資系企業による自国企業の買収などへの制限的措置があり，自国の産業，知的財産の保護保全を根拠に正当化されている．人の移動についても同様のことが指摘でき，自国内での観光サービスへの需要者となりうる外国人旅行者に対しては好意的な態度を示しながら，労働者としての人の流入に対しては，自国労働者の**労働条件**悪化や地域社会における文化的摩擦を根拠に制限を加えようとするものもある．

　上述のような国際経済関係を阻害する措置は，多岐に渡るだけでなく，必ずしも 2010 年代後半に固有なものでもない．例えば，1970 年代から 1990 年代初頭まで，日本の輸出や企業進出に対して，欧米では多くの反発が見られ，貿易摩擦，経済摩擦として知られた．他方，日本自身は 20 世紀初頭からブラジルを中心に多くの国に，自国内の過剰労働力を移民として送り出してきたにもかかわらず，特殊な技能を有するものを除き，2019 年 4 月に政策を転換するまで，基本的に外国人労働者受入を拒否してきていた[9]．つまり，グローバリゼーションへの反発やそれを妨げようとする動きは，時代を越えて一定程度存在していたのである．

　2010 年代後半を迎えて生じてきている問題は，アンチ・グローバリゼーションの流れが，具体的，主要な勢いを持って展開してきていることである．すなわち，2016 年にイギリスによる EU からの離脱 Brexit，アメリカにおけるトランプ大統領の誕生，大陸欧州における極右勢力の台頭などがそれである．個々の動き，取り上げている問題，主張は異なるが，共通していることは国際的な経済関係の自由化に向けて構築されてきた第二次世界大戦後の構造への異議申し立てである．それらは，単なる「外国人嫌い」というよりは，各種の障壁が低減し，資本主義の世界性が顕現する中で，敗者となり，取り残された人々の不安や不満を拾い上げ，政治的な動きにつなげ，時に不合理な主張を過剰に強調し，最終的には権力を獲得するようになっている．確かに，日本においてはそのような形での権力獲得という動きは限られてはいるが，ヘイト・スピーチ問題や外資参入に対する嫌悪感，国産品信仰などの動きには注意が必要である．そして，アンチ・グローバリゼーションの最も具体的な形態が，米中貿易経済摩擦であり，実態経済へも影響が及ぶようになってきている．すなわち，2020 年に入ってからの新型コロナ・ウィルス危機が広まる前から，従来のグローバリゼーションの動きの鈍化，後退が確認されていることが，それである．

4.　アンチ・グローバリゼーションの意義と限界

　グローバリゼーションへの反発が大きな潮流となってくる中，それが意味するところを検討すべきである．国際経済関係の自由化，国境を越えた商品取引や生産要素移動の活発化が，勝者のみならず，敗者ももたらす事が，アンチ・グローバリゼーションの背景にある．市場において生産者は，相互に競争を繰り広げることになるが，貿易の拡大とはそのような競争が展開される商品市場の国際的拡大を意味する．そして，輸入品との競争に敗退した産業から発生する失業者は，一定の調整を経て新たに職が得られたとしても，以前と同程度，それ以上の雇用条件の保証はない．また，輸出を拡大する産業が，必ずしも，輸入競争産業から排出された労働者を吸収するとは限らない．例えば，デトロイトの閉鎖された自動車工場で

---

[9] 単純労働者不足に直面する中，1990 年代から日系ブラジル人に対する緩和措置，留学生のアルバイト許可により，日本政府は本音と建前の使い分けを行っていた．

働いていた従業員が，ロサンジェルスのIT企業で容易にシステム・エンジニアになれるわけではない．

　生産要素面でのグローバリゼーションも，同様に，勝者と敗者をもたらすことになる．資本の移動に関しては次節で取り上げるので，ここでは外国人労働力問題について概観しておく．先進国における少子高齢化が，外国人労働者への需要を高め，合法，非合法を含めた労働力移動を生み出している．確かに，受入国全体の労働力市場における外国人労働者の影響は限定的であるかもしれない．しかし，特定の分野，特に，先進国における単純労働部門における移民の影響は大きなものである．例えば，イギリス中央銀行の研究によれば，レストランの給仕やホテルの清掃などのような非熟練サービス部門では，既存雇用における移民労働者の割合が10％増加すれば，賃金が2％弱低下することが報告されている．賃金コストを削減できる企業は大きな利益を享受できるであろうが，外国人労働者と直接競争する労働者にとっては大きな脅威となるであろう．

　上記のような考察は，グローバリゼーションが経済社会に大きな緊張を強いることを示している．そのため，アンチ・グローバリゼーションは，資本主義経済そのものが内在的に有する世界性，普遍性への反発と言える．現在，国際経済関係を抜きにして経済生活を維持することは不可能であるが，資本主義経済の発展が各種の格差をもたらしてきたことから，グローバリゼーションが何ら問題を持たない，という事も出来ない．その意味で，アンチ・グローバリゼーションが提起する問題を再考することが必要となる．

　ここで留意すべきことは，グローバリゼーション対アンチ・グローバリゼーションという二項対立図式による現状と課題の評価の適切性についてである．アンチ・グローバリゼーションの政策手法は，仮想敵を設け，それを糾弾するスタイルであり，資本主義がもたらす各種の問題に対して正面から対応策を提起すると言うよりは，それらを忌避するところがある．例えば，アメリカの中国批判は，国内の経済格差が1980年代から進んできたことを看過しており，Brexitにおける中東欧移民批判は，イギリス農業部門の移民依存体質を無視していた．そして，グローバリゼーションによって利益を拡大してきた企業部門からの再配分，再分配は，殆どの先進国で取られてこなかった．同時にグローバリゼーションは分配問題を脇に置きながらも，全般的な生産性改善に寄与してきたことから，アンチ・グローバリゼーションは生産性の低下を危惧させるものである．別言するならば，グローバリゼーションがもたらす負の側面に関して，その流れを止め，逆行させるというアンチ・グローバリゼーションの処方箋が適切であるのか，もしそれが不適切であれば，別の処方箋は如何なるものか，と問うことが重要となる[10]．

第4節　企業の国際的展開

　財，サービスのみならず，企業も国境を越えて活動を広げてきていることは，直接投資の増加から明らかである．国外にまで事業を広げる企業は多国籍企業とも呼ばれるが，その展開が意味するところを確認していこう．

---

[10] グローバリゼーションの抱える問題とそれに対する建設的な提案は，経済学の課題でもある．この問題を考える一助として，例えば，ロドリック（2014）を参照されたい．

1.　多国籍企業とは？

　企業が，国際的な事業を日常的に展開するようになってきたとは言え，そのような企業を表現する概念には多様なものがある．本章では，「2 カ国以上に所在する事業活動ないしは営利を生み出す資産を運営管理する企業」（ジョーンズ，2007，p.6）を多国籍企業と呼ぶことにする．既に見た直接投資の推移に加え，さらに補足的に多国籍企業の状況を見ていこう．

　多国籍企業は非常に多く存在しているが，ここでは最も巨大なものについて，その概要を見ておこう．UNCTAD が毎年発行している *World Investment Report* は，在外資産規模で見た世界 100 大多国籍企業ランキングを公表している．2019 年ランキングから主要な経済指標をまとめたものが以下の表 4.6 である．最上段は，100 社の合計資産，売上，雇用者数について，在外，合計，在外比率をまとめたものである．巨大 100 社の中にも大小があり，何を基準にして考えるか，という事によって異なってくる．そこで，資産，売上，雇用者数の在外比率第 1 位と第 100 位を合計の下段に示した．

表 4.6　世界の 100 大多国籍企業（10 億ドル，千人，本社所在国，2019 年）

	資産			売上			雇用者数		
	在外	合計	在外率	在外	合計	在外率	在外	合計	在外率
100 社合計	9,535	16,354	58.3%	5,796	9,666	69.9%	9,466	18,515	51.1%
第 1 位 *	Royal Dutch Shell UK			ArcelorMittal Luxembourg			Rio Tinto UK		
	376	403	93.3%	71	71	100.0%	45	46	99.6%
第 100 位 *	General Motors USA			Tencent China			China COSCO Shipping China		
	45	228	19.7%	2.4	54.6	4.4%	8.1	173.3	4.7%

　　＊：在外率順位
（出典：UNCTAD のデータより作成）

　表の数字からは，世界の 100 大多国籍企業の特徴を見て取ることが出来る．まず，多国籍企業の中にも国外への依存度の高いものから低いものまであり，さらに，資産，売上，雇用者数で見れば，必ずしも，同じ企業が同じ順位となっているわけではないことが確認できる．在外比率の高さは，親会社のある国にほとんど依存していないことを意味し，逆の数値は本国依存を示唆している．一口に多国籍企業と言っても多様な事がわかる．また，多国籍企業の経済的意義は，例えば，売上高を一瞥しただけで明らかである．100 社合計の在外売上高 5 兆 1,700 億ドルという数字は，日本の GDP（4 兆 8,700 億ドル，2019 年）を上回っている．企業の売上高は，付加価値だけでなく，中間投入財などの価値も含むため，一国の総付加価値生産額を示す GDP と単純に比較することは出来ないが，それでも多国籍企業の経済的重要性を知ることは出来よう．また，100 大多国籍企業は総資産の 6 割近くを国外に保有しているが，この事は多国籍企業の事業ネットワークが広く国際的に展開し，特異な意義を有することを示唆している．この問題に接近する前に，何故，企業は国際的に事業展開するのか？　という問題を考えていこう．

2.　企業の国際的展開の説明

　多国籍企業は，何故国外へと事業活動を展開するのであろうか？[11] 資本主義の世界性は企業の国際的展開を推し進めるところがあり，国内より外国に投資した場合により大きな利潤を獲得できれば，国外への投資，直接投資を選択する．ここでの問題は，直接投資がより大きな利潤をもたらす要因の解明である．そもそも，企業が国際的に事業を展開する場合，必ずしも直接投資のみによるわけではない．自社の財，サービスの生産，販売を国外企業に委託するライセンス・アウト，自国で生産したものを国外に販売する輸出という手段もある．これらの手段の中で，敢えて，直接投資が選択されるのは，何故なのだろうか？

　上記の問いへの一つの回答が，ジョン・ダニングの **OIL** パラダイムである．彼によれば，企業の国際的事業展開には，**所有優位性**，**内部化優位性**，**立地優位性**の三つの優位性が必要であり，その組合せによって選ばれる国際的事業形態が異なってくる．第一に，国外に証券投資ではなく直接投資を行う企業は，利子や配当以上に高い利潤を獲得できるだけの何らかの能力，国外で直面する困難を乗り越えるだけの優位性，所有優位性が必要になる．進出先の市場における競争から敗退しないためには，地元企業や他の多国籍企業に比べて見劣りしない，当該企業固有の競争力が不可欠である．そのような競争力とは，当該企業が現地，第三国で十分な市場を確保できるような品質，価格でもって財，サービスを供給する生産力，技術力，資金力等である．個々の多国籍企業が独自に保有している競争上の優位性ということから，これを所有優位性（Ownership specific-Advantage，O 優位性）と呼ぶ．

　O 優位性は，当該企業がどのような競争条件下において事業活動を展開するのかによって，その中身が大きく左右される．そのため，**産業特性**，**市場特性**によって，企業が必要とする O 優位性の内容も異なってくる．先進的な技術が恒常的に必要とされるような情報技術産業や製薬産業においては，新たな発見，発明を生み出す高度な**研究開発**力が重要である．他方，自動車，電機電子機器産業のように多くの熟練労働者を使い，多様な部品を精巧に組み立てる産業においては，**労務管理**や**サプライヤー管理**のような能力が求められる．個人消費者の嗜好によって業績が大きく変化しうる高級ブランド品産業においては，**商標権**，**著作権**を有する財，サービスの創出と**ブランド**の伝達・浸透力が企業業績を規定してくる．これらを総称したものが O 優位性であり，これがあって初めて企業は国際的な事業を展開しうる．

　第二の内部化優位性とは，企業が市場に代わって経済的取引を自社の内部に組織化する能力である．ロナルド・コース（1937）は，市場での取引には一定の費用，**取引費用（transaction cost）**がかかることを強調した．具体的には，市場での取引相手を見つけるための**探査費用**，見つけた相手と取引内容について決めるための**交渉費用**，決められた契約内容が正しく履行されることを見守るための**監視費用**などが取引費用には含まれる．これらの費用が大きくなりすぎる際には，市場での取引に替えて，同じ経済活動を組織体の内部活動に置き換えることになり，そうして出来上がる組織体が企業なのである．別言するならば，市場では一定の取引費用を要することが，企業の成立存在理由となる．

　取引費用は，国内市場ですら無視できないものであるが，国際的な事業であればなおさらである．先に見た O 優位性の中には固有の仕様のために市場が存在しない中間財や知識，情報によって構成されるもの

---

[11] 多国籍企業，国際ビジネスに関する包括的な文献としては，ジョーンズ（2007），イエットギリエス（2012）等がある．ダニングの議論については，イエットギリエス（2012）の第 9 章が簡潔にまとめている．

もある．他方，**特許**，商標権，著作権等は**知的所有権**によって保護され，市場で取引されうるものであっても，これらが市場を通じて外国企業に販売，貸与された場合，後者がそれらの知識，情報を模倣，剽窃することを通じて中長期的には知識，情報提供企業の競争力基盤を脅かす危険性もある．このような場合，取引費用は非常に大きなものとなる．企業内組織において，これらを活用する費用が市場での取引費用よりも小さな場合，企業はそれを**内部化（Internalise）**することが有利となる．

　既述の如く，取引費用には多様なものがあり，それを内部化する場合に必要とされる企業内組織にも多様なものがある．さらに，内部化の能力は同一企業であっても時間経過や経験の蓄積とともに変化しうる．それでも，取引費用を内部化できる能力を有しているか，否か，ということが，当該企業の国際事業展開を左右する．そのために，国際事業部のようなものを設け，それに精通した人材の育成，配置が行われ，輸出活動や在外子会社の管理を担当する．すなわち，何をどこで生産し，どこへどのように供給するのか，ということのみならず，そうした決定が当該企業グループ全体での利潤最大化に資するようにしなければならない．このような企業内分業の指揮監督能力が内部化優位性（Internalisation Advantage，I優位性）と呼ばれるものであり，企業がより能動的に国際的事業活動を営む際に必要とされるものである．

　最後に，外国に赴くことによって初めて入手できる有利な諸条件が指摘される．これらは，現地に子会社を設立，立地することによって始めて手に入ることから，立地優位性（Location Advantage，L優位性）と呼ばれる．天然資源，低賃金労働力や優秀な人材，関税その他で守られた市場，当該企業の活動を支援する産業やサプライヤー，各種の社会資本，政府の投資支援や低税率などは，自国に留まる限り，十分には獲得できないものである．L優位性が存在しなければ，わざわざ当該国に進出する誘因はなく，輸出なり，ライセンシングによって国際事業を実行すれば済むのである．

　多様なL優位性がありうるが，幾つかの例を挙げることによって，その理解を深めよう．石油採掘企業が日本ではなく，中東諸国に投資するのは，石油が産出されるか否かという自然地理学的要因による．**労働集約的**なアパレル産業がヴェトナムへ進出するのは，現地で低賃金労働力が大量に調達できるからである．新しい発明，発見のための研究開発施設を国外に持とうとする企業は，欧米や日本における高等教育の充実を踏まえてのものであろう．保護関税などの手段によって守られた市場へは輸出によって市場開拓を図ることはままならず，現地生産，現地販売が選択される．もちろん，道路，通信網等の**社会資本，インフラストラクチャー**が未整備な国，地方は，投資対象としては下位に位置づけられる．さらに，幾つかの投資先候補がある場合には，L優位性の有無，内容，良し悪しが最終的な投資先を決定することになる．例えば，同額の投資から得られる通常の利潤額が同じ場合，現地政府が投資コストの一部を負担する投資補助金を提供したり，**法人税**や**所得税**を低率に設定していれば，企業は当該国に引き寄せられる蓋然性が高まる[12]．

　以上見てきたダニングの**OIL**パラダイムをまとめたものが，以下の表4.7である．O優位性を欠いている企業は，国際的な事業展開そのものをのぞむことはできず，国内企業に留まるしかない．O優位性を持ち，国外でも需要がある財・サービスを供給できる企業でも，それを自社で行う能力を持たない場合，I優位性を欠く場合，外国企業への**ライセンス・アウト**を通じて財・サービスを供給する．I優位性を有する

---

[12] 税率の低さ故に，若しくは，それのみで，投資を引きつける国は，タックス・ヘブンと呼ばれ，近年問題視されているが，ここではその存在のみを指摘しておこう．

企業であれば，そうした財・サービスを輸出または直接投資によって提供できるが，相手国，地域に L 優位性がなければ直接投資が選択されることはない．OIL 三つの優位性が総合的に存在する場合に，はじめて企業は成功裏に直接投資を選択しうるのであり，「より高い利潤」を獲得しうるのである．

表 4.7　OIL パラダイム

	O 優位性	I 優位性	L 優位性
国内事業のみ	×	×	×
ライセンス	○	×	×
輸出	○	○	×
直接投資	○	○	○

　企業は，固有の国際競争力を有し，それを効率的に活用できる組織能力を持ち，現地固有の好条件を見出すときに，多国籍化することになるが，その帰結として，国外に自らの資産の過半を配置することになる．この事が意味するところを次に見ていこう．

3.　多国籍企業による統合

　世界には多種多様な国が存在していることから，各国が有する立地優位性にも多様性があり，それらを有効活用するため国外に多くの資産を有する多国籍企業は，国内企業に無い特徴，**多国籍性**を有することになる．この多国籍性は，本国と受入国双方にとって肯定的，否定的な二面的影響を及ぼすことになる．本項では前者について，次項で後者を取り上げていこう．

　先に示した多国籍企業の特徴から，多国籍企業は多かれ少なかれ，本社と子会社の間で，ある種のネットワークを有することになる．確かに，多国籍企業のネットワークは，多様なものがありうるが，そのネットワークを通じて，個々ばらばらの国々が，財・サービスの最終消費者に対して何らかの形でつながっていくのである．いかなる財・サービスであれ，それらを新たに生み出し，改善するためには研究開発が必要であり，その生産には原料，燃料，機械，部品などの投入が必要であり，そうした生産活動を円滑に進めるための資金調達や企業内外の需要者への輸送を要する．このような過程は，決して単純なものではなく，本社，もしくは，地域統括会社レベルでの管理運営を必要とする．個々の投入・生産過程には，技術的，経済的見地から見た最適な立地条件があるため，必ずしも，多国籍企業の本国で行わなければならない，という事ではない．そのため，一見各国間の財・サービス貿易にみえる現象が，時に，多国籍企業による意識的，計画的な**価値連鎖**となっていることがありうる．その意味で，多国籍企業によって各国経済が密接に統合されるのである．

　上記のような国境をまたぐ価値連鎖は，近年，**世界的価値連鎖**，**Global Value Chain（GVC）**と呼ばれ，多国籍企業論を含む多くの研究が進められてきている（猪俣，2019）．GVC 論によれば，価値連鎖は必ずしも多国籍企業グループ内に留まるものではなく，時に，内外企業への**アウトソーシング**，**オフショアリング**を通じて展開することになる．そして，公式統計上輸出入として計上されているものが，各種の投入財を含むものであるため，当該国における付加価値の程度を必ずしも反映していないことを明らかにして

いる．その意味で，直接投資の受入，それがもたらす生産と輸出の拡大の評価については，一定の留意が必要である．しかし，モノ，サービス，知識，情報の国際的な流れが，多国籍企業の下で組織され，統合されている事は，確かなところである．

　多国籍企業による各国経済の統合を具体的に示しおこう．先に見た *World Investment Report* の 2019 年ランキングで第 2 位となったトヨタ自動車は，世界中に生産拠点を設立し，小型車（チェコ，フランスなど）から大型車（アメリカなど）まで世界中に生産を展開している．同時に，アルミホイール（カナダ），トランスミッションやエンジン（アメリカ，ポーランド，タイなど）等の部品のみを製造している工場もある．さらに，日本の 6 拠点に加え，アメリカ，ベルギー，フランス，タイ，中国などで，製品の設計，デザインを国外 10 拠点で行っている．そして，アメリカ，ベルギー，シンガポールに地域統括会社を置き，米州，欧州，アジアなどでの事業を統括支援している．個々の生産拠点から供給されるデザイン，部品，完成車は，当該国内のみならず，近隣の子会社から他の地域を含む 28 ヶ国，50 拠点，そして，本国である日本をも，その仕向け地としている．ヨーロッパでは，フランス工場で生産される小型車のエンジンはイギリスから，トランスミッションはポーランドから輸入される．そのため，小型車輸出額にはこれらの中間財の価値が含まれ，フランス国内での付加価値輸出は総輸出額より小さくなる．確かに，完成車の販売は 170 カ国に及んでおり，その中にはトヨタ自動車の直接の子会社が設立されていないものも含まれている．つまり，トヨタ自動車のネットワークの下で多くの国々が，大なり小なり相互に結び付けられているのであり，その製品販売にまで目を向ければ，ほぼ全世界が網羅されていることになる．

4.　多国籍企業による分断

　多国籍企業による国際的な事業展開は，各国経済を統合するだけでなく，時に国際的な分断をもたらす側面もある．多国籍企業による投資を受け入れ，生産と雇用の確保，拡大を企図する国，地方は，多国籍企業にとって有利な投資条件を提供することを通じて，そのような目標を達成しようとする．**税制上の優遇措置**，**投資補助金**の供与などの直接的措置から，**環境基準・規制**の緩和のような間接的な方策まで，多くのものがある．また，**輸入制限措置**を課すことによって，多国籍企業が当該国への輸出ではなく，**現地生産**によって財，サービスを供給するように仕向けることもある．さらに，受入国政府による手段だけでなく，時に労働側自身が組合結成や組合の権限を積極的，意図的に制限することを通じて，投資を呼び込もうとすることすらある．このような直接投資の受入策を各国，各地方が行うということになれば，自ずと，相互間の競争が生じることになる．

　多国籍企業による直接投資を巡って受入国・地方が相互に競争することは，受入側における相互関係を分断することにつながる．**投資誘致策**は，それがもたらす生産・雇用の拡大効果が勝る場合には，ある程度肯定されるであろう．また，直接投資による生産と雇用は，投資が行われた特定の場所で生じることになるが，国内で商品，労働力の自由な移動が保証されているために，その波及効果はその特定の場所に留まるものではない．但し，先ほどの GVC の議論が示唆するように，そうした波及効果が国外に流出してしまう場合も想定される．さらに，投資誘致競争は国内外における労働と公的な規制を分断する可能性もあ

る．労働者にとっては，より高い労働保護や労働条件が達成されることが望ましいにもかかわらず，多国籍企業誘致のためにそれらが競争的に引き下げられることが生じうる．多国籍企業の供給する財，サービスへの輸入制限措置は，貿易を通じた国際的な統合を分断するだけでなく，国内生産者と消費者の利害対立をもたらす．さらに，環境保護・規制は，現代では超国家的意味を持つようにもなってきているが，多国籍企業誘致のために，そのような枠組みが蔑ろにされる危険性もある．つまり，多国籍企業による直接投資を巡って繰り広げられる誘致競争が，ある種の「**底辺への競争，race to bottom**」となる危険性を有するのである．

　ここで注意すべきことは，多国籍企業による分断の原因についてである．確かに，本国や受入国政府，労働組合などとの交渉の場において，多国籍企業側が自らのネットワーク内で生産，雇用を移動させ，時に事業からの撤退の可能性をほのめかし，相手側からの譲歩などを引き出そうとすることはあるだろう．しかし，問題はそのような多国籍企業による分断の意図的な側面に留まらない．一方で多国籍企業が国際的なネットワークを有し，自らの価値連鎖を意識的に管理し，利潤の最大化を図っているのに対して，受入国政府や労働側において，それに対応した国際的な協力体制の欠如，非協調的な構造という問題がある．この問題に目を向け，その意味するところを検討しない限り，多国籍企業批判は単なる悪者探し的なものとなってしまう．

第5節　本章のまとめ

　我々は，市場と資本蓄積によって過去200年間に経済社会が飛躍的に変化してきたことを確認した．その延長上で，近年の経済活動のグローバル化の内容とそれに対する反発としてのアンチ・グローバリゼーションについて見た．そして，グローバル化を主導してきた多国籍企業の実態と理論，その影響についても検討してきた．本章での議論は，事実の確認とその説明に重点を置き，規範的な判断やそれに伴う対応策にはあえて踏み込んでいない．これは，メディアやSNSなどで流布される情報が，時に，事実の一側面のみを強調する傾向にあることに対して，大学などの学問の場においては，まず何よりも事実に即した分析をすることが求められるからである．その上で，「何が良く，何が悪いのか？」という問いには，各自が自発的，自主的に考える必要がある．本章を理解することが終着点とならず，経済社会を理解し，自らの処方箋を描くための出発点となることを望むものである．

参考文献

- 猪俣哲史（2019）『グローバル・バリューチェーン』東京：日本経済新聞出版社
- 佐々木隆生（2010）『国際公共財の政治経済学，危機・構造変化・国際協力』岩波書店
- Coase R. H.（1937）The Nature of the Firm. *Economica*, ns 4, 386-405.（宮沢健一・後藤晃・藤垣芳文訳，コース，ロナルド H.（1992）『企業・市場・法』東洋経済新報社，第2章「企業の本質」）
- Ietto-Gillies, Grazia（2012）*Transnational Corporations and International Production, Concepts, Theories and Effects, 2nd ed.* Cheltenham, UK: Edward Elgar（井上博監訳，イエットギリエス，グラツィア（2012）『多国籍企業と国際生産，概念・理論・影響』同文館出版）

- Jones, Geoffrey（2005）*Multinationals and Global Capitalism, from the Nineteenth to the Twenty First Century*, Oxford: Oxford University Press.（安室憲一・梅野巨利訳，ジョーンズ，ジェフリー（2007）『国際経営講義，多国籍企業とグローバル資本主義』有斐閣）

- Maddison, Angus（1995）*Monitoring the World Economy 1820-1992*, Paris: Organisation for Economic Co-operation and Development（OECD）（金森久雄監訳，マディソン，アンガス（2000）『世界経済の成長史 1820〜1992 年，199 カ国を対象とする分析と推計』東洋経済新報社）

- Maddison, Angus（2001）*The World Economy: A Millennial Perspective*, Paris: Organisation for Economic Co-operation and Development（OECD）（金森久雄監訳，マディソン，アンガス（2004）『経済統計で見る世界経済 2000 年史』柏書房）

- Milanovic, Branko（2016）*Global Inequality: A New Approach for the Age of Globalization*, USA, Mass: Harvard University Press.（立木勝訳，ミラノヴィッチ，ブランコ（2017）『大不平等，エレファントカーブが予測する未来』みすず書房）

- North, Douglass C.（1981）*Structure and Change in Economic History*, New York: W.W. Norton.（大野一訳，ノース，ダグラス C.（2013）『経済史の構造と変化』日経 BP 社）

- Rodrik, Dani（2011）*The Globalization Paradox, Why Global Markets, States, and Democracy Can't Coexist*, Oxford: Oxford University Press.（柴山桂太・大川良文訳，ロドリック，ダニ（2014）『グローバリゼーション・パラドクス，世界経済の未来を決める三つの道』白水社）

- Schumpeter, Joseph A.（1926）*Theorie der Wirtschaftlichen Entwicklung*.（塩野谷祐一・中山伊知郎・東畑精一訳，シュムペーター，ジョセフ，A.（1977）『経済発展の理論』岩波書店）

さらに深く学ぶために参考となる Web サイト

(1)　財務省：https://www.mof.go.jp/
　　　国際収支統計など，日本の国際関係に関する統計資料を手に入れることが出来る.

(2)　日本貿易振興機構：https://www.jetro.go.jp/indexj.html
　　　日本企業の輸出，対外進出を支援してきた機関で，統計から各種レポートなどを入手できる.

(3)　世界銀行：http://www.worldbank.org/
　　　中長期的な経済開発支援を行う国際機関で，ホームページ（英語）上で多くの統計，レポートが手に入る.

(4)　国連貿易開発会議：http://unctad.org/en/Pages/Home.aspx
　　　貿易，投資面から，主に，発展途上国の経済開発支援を行っている国際機関で，ホームページ（英語）上で多くの統計，レポートが手に入る.

第5章

デジタル化するアジア
―アジアの巨大市場を読みとく―

本章の概要

　停滞のアジアは，1960年代から驚異的な成長を成し遂げ，「世界の工場」かつ「世界の成長センター」となり，アメリカとヨーロッパとならぶまでの巨大市場に成長した．企業にとって，アジアがいかに多様性にあふれた巨大市場であるかを理解することは，非常に重要である．また，今やデジタル消費が最も活発なのはアジア市場と若年層の消費者であり，アジアの若い世代はまさに世界のデジタルコマース市場を牽引する消費者グループでもある．デジタル化するアジアで企業が勝ち抜くためにも，アジアの若い世代が持つ基本的なニーズに対応していくだけでなく，国ごとに異なるアジア市場の特性を的確に把握し，その対応策を講じていくことはなおさら重要であろう．

　本章においては，(1) 世界で存在感を高めるアジア，(2) 若年層が牽引するアジアの消費市場，(3) デジタル化するアジアなどを考察することで，成長著しいアジア消費市場の特性を示していく．

第1節　世界で存在感を高めるアジア

1. 世界経済を牽引するアジア

　20世紀，世界経済を特徴づける最も重要な出来事の一つは，アジア地域の高度経済成長である．図5.1は世界の主要地域別GDPシェアの推移を示したものである．19世紀前半は，アジアが他の地域を経済面で圧倒した時代であった．1820年当時，アジアが世界のGDPに占めるシェアは59%であり，ヨーロッパの32%を大幅に上回っていた．しかし，「パックス・ブリタニカ」時代が始まり，そのままヨーロッパの経済規模に反映された．1870年にヨーロッパはアジアを抜いて，世界最大の経済地域になる．その後，ヨーロッパ地域のシェアは1950年をピークに減少していき，代わりに大量生産・大量消費の体制を実現したアメリカのシェアが高まっていく．「パックス・アメリカーナ」の時代である．

　一方，アジア地域は1950年に世界の15%までに縮小したが，その後，日本や東アジア諸国，そして中国やインドなどの躍進によって，2015年にはアジアは，ヨーロッパやアメリカを抜いて，再び世界最大の経済地域になる．いわば「アジアの世紀」の復活である．

　また，世界各国のGDPを1990年と2019年，そして2040年（予測）の3時点で比較すると，これまで

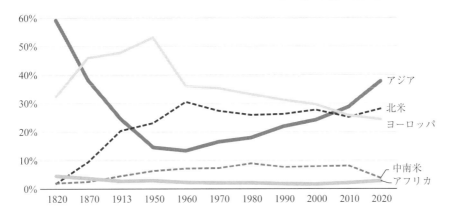

図 5.1 世界の主要地域別 GDP の推移（1820-2020）

（出典：末廣昭（2014）『新興アジア経済論』岩波書店，p.22 及び国際通貨基金 HP「World Economic Outlook Database」より作成.）

表 5.1 世界 GDP 上位 10 カ国の変遷（兆ドル）

① 1990 年

順位	国名	GDP 額
1	米国	6.0
2	日本	3.1
3	ドイツ	1.6
4	フランス	1.3
5	英国	1.2
6	イタリア	1.2
7	カナダ	0.6
8	イラン	0.6
9	スペイン	0.5
10	ブラジル	0.5

② 2019 年

順位	国名	GDP 額
1	米国	21.4
2	中国	14.1
3	日本	5.2
4	ドイツ	3.9
5	インド	2.9
6	英国	2.7
7	フランス	2.7
8	イタリア	2.0
9	ブラジル	1.8
10	カナダ	1.7

③ 2040 年の予測

順位	国名	GDP 額
1	中国	47.4
2	インド	30.0
3	アメリカ	28.3
4	インドネシア	7.7
5	日本	6.1
6	ブラジル	5.9
7	ロシア	5.9
8	ドイツ	5.3
9	メキシコ	5.1
10	イギリス	4.4

（出典：経済産業省（2020）『通商白書 2020』p.276.）

世界経済を牽引してきた先進国を新興国が代替することが見込まれている．表 5.1 に示された通り，2019年には世界第 2 位の経済大国として中国が，第 5 位にインドが姿を現している．さらに，インドが米国を超えるほか，ASEAN の存在感が注目に値する．具体的には，2019 年には 17 位であったインドネシアが2040 年には 4 位になるほか，マレーシア，フィリピン，ベトナムがそれぞれ順位を大きく上げることが予測されている．

2. 世界の成長センターとしてのアジア

　停滞のアジアが，1960 年代から驚異的な成長を成し遂げ，70 年代には石油危機による経済不況や累積債務危機からいち早く脱却し，80 年代後半からは他の地域をはるかに上回る高い成長を示した．90 年代には世界の成長センターとなり，アメリカとヨーロッパとならぶ経済圏にまで成長した．とりわけ，東ア

ジア地域は[1]，世界の他地域と比べて格段に高い経済成長を成し遂げ，世界の注目を浴びてきた．

　東アジア地域の実質 GDP は，2019 年で 1980 年の 14.5 倍となっており，世界平均（7.8 倍）を大きく上回る速度で成長している．このような高い成長の結果，2019 年には，東アジア地域の GDP は世界全体の 25.6%を占めるに至っている．また，一人当たり GDP をみると，東アジア地域が 2019 年で 1980 年の 29.8 倍と高い伸びを示し，世界平均（4.5 倍）の伸びを大きく上回っており，東アジア諸国・地域における所得水準が大きく伸びていることがうかがえる．

　次の図 5.2 には東アジア地域の一人当たり GDP（一人当たり所得）の推移を示した．東アジア地域は，1990 年代後半のアジア通貨危機を乗り越え，2000 年代以降も経済成長が本格化し，所得が順調に上昇している．とりわけ，シンガポールと香港はいち早く経済発展に成功し，現在では日本の 4 万ドルを超え，アジアの中ではもっとも高い所得を達成している．これに，続いて韓国と台湾が一人当たり所得 3 万ドル前後で，日本との格差を大幅に縮小し，先進国の仲間入りを果たしている[2]．ちなみに，IMF の分類によると，韓国，台湾，シンガポール，香港などは新興工業先進国に分類されている．また，中国とマレーシアが一人当たり所得 1 万ドルを超え，タイとインドネシアがそれぞれ 7,807 ドル，4,136 ドルに達し，世界銀行による分類では上位中所得国（3,996 ドルから 12,235 ドル）になっている．とりわけ，中国とマレーシアはあと一息で高所得国（12,235 ドル以上）入りをうかがえる位置に付けている．なお，フィリピン，ベトナムも順調に所得が伸び，既に 3,000 ドルを超えており，上位中所得国入りは程なく達成する見通しである．

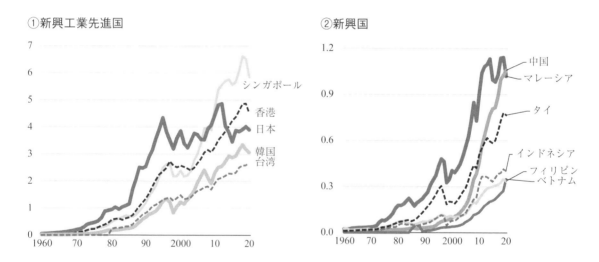

図 5.2　東アジア諸国の一人当たり GDP（1960 年〜2020 年，万ドル）
（出典：世界銀行 HP「World Development Indicators」及び国際通貨基金 HP「World Economic Outlook Database」より作成．）

---

[1] 東アジア地域とは，日本を除く，アジア新興工業先進国 4 カ国（韓国，台湾，シンガポール，香港），ASEAN4 カ国（タイ，マレーシア，フィリピン，インドネシア），中国，ベトナムなど 10 カ国を示す．
[2] IMF の分類によると，韓国，台湾，シンガポール，香港などは新興工業先進国に分類されている．ちなみに，日本の内閣府では，韓国，台湾，シンガポール，香港など 39 カ国を先進国・地域に分類されている．内閣府（2017）『世界経済の潮流 2016 年 II』，p.4 を参照．

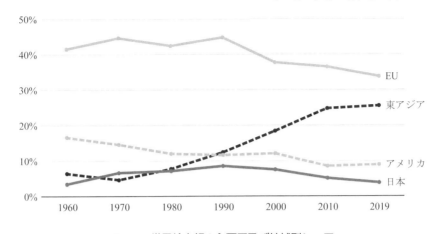

図 5.3　世界輸出額の主要国及び地域別シェア
（出典：ジェトロ『ジェトロ貿易投資白書』各年度版より作成.）

　また，東アジアの特徴として，GDP シェアに比べて世界貿易におけるシェアが高いことが挙げられる．東アジアの成長には，輸出の拡大が大きく貢献してきたが，東アジアの輸出額は 2019 年で 4 兆 7,200 億ドルに達し，世界輸出総額（18 兆 5050 億ドル）の 25.5% を占めるまでに増大している．その結果，東アジアの輸出シェアは，1980 年に日本を，1990 年にはアメリカを抜いて，2019 年にはヨーロッパに次ぐ高さとなっている（図 5.3 を参照）．前述の通り，東アジアの経済規模が世界の 25.6% であるから，世界輸出に占めるシェアはほぼ経済規模並みということができる．それから，東アジア地域の輸出品は，第一次産品から工業製品が主流になり，工業製品の中でもローテクからハイテクへと高度化させていくことで，工業化の進展と産業構造の高度化を成し遂げたのである．

3.　巨大消費市場としてのアジア

　アジアの都市部の人々は，安定した収入があり，住宅や自動車，そして家電を購入する能力を持ち，収入の一部を教育や旅行などのサービス支出に回す余裕を持っている．また消費意欲は強く，耐久消費財の保有率は高い．ここで，アジア地域の中間層を台頭として，今後もさらなる拡大が見込まれる自動車市場及びデジタル市場についてみることにしたい．

（1）　巨大化する自動車市場

　アジアの自動車販売台数は，2008 年時点で北米を逆転し，いまや世界最大の市場である．すなわち，世界全体に占めるアジアの割合は 2005 年には 22% であったが，2019 年には 43% を占めるまでに到った．また，北米や EU 市場は成熟しており，アジアは若者の所得向上に伴うマイカーブームも追い風に，今後の世界市場の成長を牽引することは明らかである．日本の自動車メーカーにとってアジア市場の重要性はますます高まる一方である．

　アジア自動市場が好調だった背景には，まず一つ目は中国とインドの自動車市場が 2000 年代に入り拡大傾向に転じて，右肩上がりのトレンド出推移しアジア市場全体を牽引したこと，二つ目は 2008 年リー

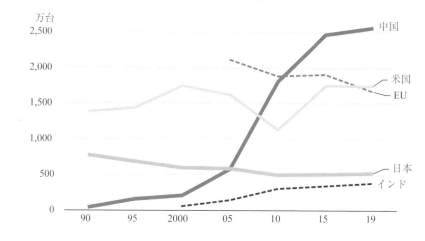

図 5.4　主要国の自動車販売台数の推移

（出典：国際自動車工業連合会（OICA），https://www.oica.net/（2020 年 11 月 25 日現在），などより作成．）

マンショックで北米と EU 市場が落ち込む中，中国とインドは政府の消費刺激策や若者の消費に牽引され，自動車市場の好調が維持できたことがあげられる．図 5.4 に示されたとおり，2019 年，中国市場全体の新車販売は 2557 万台に上る．中国は，2009 年に米国を抜き去り，世界の新車販売市場の約 3 割を占める最大の自動車大国である．また，経済成長に伴うマイカーブームで，乗用車の市場規模の拡大は顕著である．

　このように，日本市場が縮小する中，アジア市場は急速に拡大していく中，中国やインドなどの重要性は日本の自動車メーカーにとって高まる一方である．

（2）急速に拡大するデジタル市場

　世界市場へのアジア諸国の影響力は急速に大きくなってきているが，デジタル市場の中でもアジア地域は非常に大きな存在になってきている．その象徴として，スマートフォンの出荷台数があげられよう．世界市場におけるスマートフォンの市場の変化（販売台数ベース）を，スマートフォンの普及が本格化した 2009 年から 2019 年までの 10 年間，スマートフォンの販売台数は 9 倍と大きく拡大している．図 5.5 は世界のスマートフォン販売台数を地域別に示したものである．スマートフォンが普及し始まった 2009 年の時点で世界全体のスマートフォンの出荷台数は 1 億 6000 万台であったのが，2019 年には 13 億 9000 万台に達した．地域別にみると，北米や EU などの先進国地域の成長と比べ，アジアの成長には目を見張るものがある．すなわち，アジアの販売台数は 2019 年に 7 億台に達し，欧州・中東・アフリカと北米はそれぞれ 4 億台と 2 億台と比べ，大幅に拡大した．なお，今後 ASEAN やインドなど高い成長が期待されており，アジア地域はグローバル市場を牽引していく見通しである．

　世界のスマートフォン市場に関する米 IDC の最新統計によれば，中国の 2019 年中国出荷台数は 3 億 9000 万台で，アメリカの 3 倍以上であり，世界の出荷台数の約 3 割を占める最大の市場である．また，中国のスマートフォン保有率は，世界的にみても高い．なお，スマートフォン普及率は，日本の 64%，米国の 78% に対して，中国は 83% に達している．こうしたスマートフォンの普及やオンライン決済等を背景に，中国のモバイル向けコンテンツ市場は著しく成長している．例えば，インターネット通販（EC）を

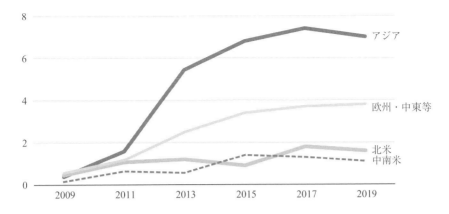

図 5.5　世界スマートフォンの地域別販売台数（億台）
（出典：総務省（2014）『平成 27 年版 情報通信白書』p.274，及び総務省（2020）『令和 2 年版 情報通信白書』p.74 などより作成.）

利用して，個性的な商品，オーダーメード商品，輸入品など様々な商品を誰でも容易に購入出来るようになった．さらに，商品だけではなく，レジャーや旅行，エンターテインメントなどのサービスに対する需要が特に大きく拡大している．

4.　若年層が牽引するアジアの消費市場

（1）　アジア消費市場の成長

成長が著しいアジア地域では，所得水準の向上と伴い，購買力のある富裕層や中間層（世帯可処分所得 5,000 ドル以上 35,000 ドル未満）が続々と登場し，巨大な市場が形成されつつあるのである．アジアには，人口 14 億 3600 万人の中国，13 億 5300 万人のインドといった人口大国が存在し，アジア全体で世界人口の 60％以上を占めている．こうした巨大な人口を抱えるアジアが経済成長し，人々の購買力が向上する影響は大きい．主要国・地域の家計消費支出額をみると，1998 年から 2018 年の 20 年間，図 5.6 に示されたように，中国は 11.2 倍，ASEAN は 6.1 倍，インドは 6.0 倍と大きく拡大している．これに対して，先進国は米国が 2.4 倍，EU が 1.9 倍，日本が 1.3 倍の拡大にとどまっている．中国やインド，そして ASEAN の人口増加や経済成長の伸び等を踏まえると今後も市場の拡大が期待される．

（2）　中間層の拡大

アジアの消費市場としての魅力をみるためには，富裕層の拡大のみならず，中間層がいかに拡大するのかを捉えることも肝心である．それは，「世帯の年間可処分所得が 5,000 ドルを超えると，洗濯機や冷蔵庫等，各種家庭製品の保有率が急速に上昇し，7,000〜10,000 ドル辺りから外食や教育，レジャー等，各種サービスへの消費性向が急速に上昇，12,000 ドルを超えるとヘルスケア分野への消費性向が高まる」からである[3]．アジア新興国における個人消費が拡大する中で，中間層の拡大が注目されているのは，そのためである．

---

[3] 経済産業省（2013）『通商白書 2013』p.87.

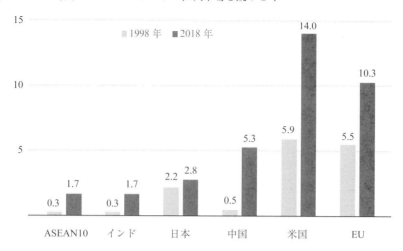

図 5.6　主要国・地域の家計消費支出額（兆ドル）
（出典：経済産業書（2020）『通商白書 2020』p.334 より作成．）

また，アジアにおける中間層は，2020 年には 26.7 億人に拡大することが見込まれており，世帯可処分所得 35,000 ドル以上の富裕層 2.4 億人と合わせると，アジア全体の 3 分の 2 を占めるまでに拡大する見込みとなっている（図 5.7）．ちなみに，世界全体の中間層・富裕層の人口は，2020 年に世界全体で 58 億 9 千万人に達することが予測されている．そのうち，先進国では 11.2 億人になる一方，アジアでは 29.1 億人と先進国の約 3 倍に増加することが見込まれている．その結果，アジアが世界全体の中間層・富裕層人口に占める割合は，2020 年には約 50% となる見込みである[4]．

（3）　都市化の進展

アジアの消費拡大を支えているのは，都市化の進展に伴って誕生した都市中間層である．都市部にさまざまな産業が集積することで雇用が拡大し，所得の増加をもたらし，それが農村からの人口流入を促進させる．都市部の所得が上昇することで労働賃金がさらに上昇する．都市に労働力が集中すれば，必然的に巨大消費市場が形成され，サービス産業も発展する．都市化に伴い，都市型の新

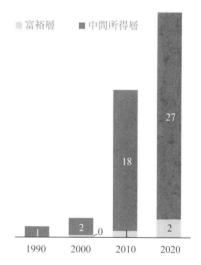

図 5.7　拡大するアジアの中間層（億人）
（出典：総務省（2013）『通商白書 2013』p.88 より作成．）

しいライフスタイルを身につけ，従来と異なる新しい消費行動を行う．例えば，買い物は伝統的市場からスーパーマーケットやオンラインショッピングに変わる．また，アジアでは女性の社会進出に伴い，世帯収入はダブルインカムとなり家計に余裕ができる．家計に余裕ができるから消費意欲はより高まり，消費がさらに拡大するという連鎖が起きている．

---

[4] 経済産業省（2013）『通商白書 2013』p.88.

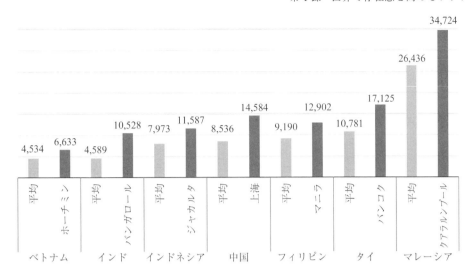

図5.8　アジア各国及び主要都市の世帯消費支出（2014 年，ドル）
(出典：森沢伊知郎（2015）「アジア消費市場で勝ち抜くために」『知的資産創造』7 月号，p.5 より作成.）

　図 5.8 はアジア各国及び主要都市の世帯消費支出（2014 年）を示したものである．世帯当たりの消費支出をみると，国の平均と主要都市の支出額には大きな差があり，なお国ごとに異なる消費性向を見せる．国レベルでは 5,000 ドルにも届いていないインドにおいては，バンガロールといった主要都市の世帯消費支出はすでに 1 万ドルを超えている．また，中国においては，国としての世帯消費支出は 8,500 ドル程度であるが，上海では 1 万 5,000 ドルに近づいている．

5.　若年層が牽引するアジアの消費市場

（1）　若年層の所得向上

　アジアにおいては，30 代以下の若年層の可処分所得の割合が高く，消費に強い影響を与えている．アジアでは，30 代以下の若年層が，30 代以上に比べて，高収入であると共に高い消費力と消費意欲を示し，消費トレンドをつくる傾向がある．たとえば，20 代と 30 代の平均収入がその他の年代より高く，年々その水準が大きく上昇している．図 5.9 はアジア各国の年代別所得の構成比を示したものであるが，日本で 30 代以下の所得は全体の 36% を占め，30 代以上の割合が圧倒的に多い．これがベトナム，マレーシア，インドネシア，フィリピンといったアセアンでは 30 代以下の所得の割合は 6 割に達し，30 代以上の割合は 4 割に達していない．中国においても 30 代以下の所得の割合は 48% と日本よりも高く，フィリピンでは 20 代以下だけで全体の 45% にも達する．アジアでは日本と比べて，相対的に若年層の所得割合が高いことを物語る．

　日本経済新聞社の「アジア 10 カ国の若者調査」によると，中国，インド，インドネシアの 3 カ国の若者の約 8 割が経済的に余裕を感じていることがわかった（図 5.10）．まず，平均月収ではシンガポールが最高でおよそ 36 万円，次いで韓国が 25 万円，日本が 22 万円．中国は 16 万円でアジア 10 カ国の中で 4 位

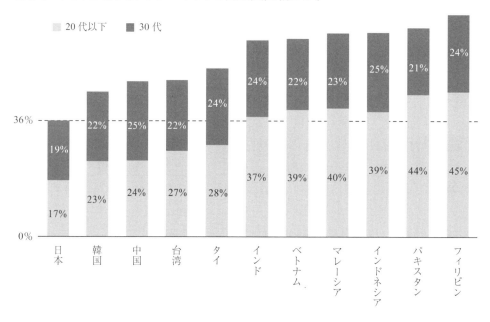

図 5.9　アジア各国の年代別所得の構成比
（出典：高橋俊樹編（2010）『世界の消費市場を読む』ジェトロ，p.121 より作成．）

にランキングされた．最低はベトナムの 4 万円である．つぎに，「過去 1 年に経済的余裕があった」若者の比率は，インドネシア，中国，インド，インドネシアの 7 カ国で約 6 割以上に達した．比較的に経済成長が収入を増やし，経済的に余裕を感じていることわかる．ちなみに，日本と韓国の「経済的な余裕」は 3 割にとどまり，先進国の若者の懐が寂しいこともうかがえる．

（2）　若年層の影響力が強い消費市場

　30 代以下の若年層は，高価であっても所有したいものに対して果敢に投資する傾向が強い．また，外食する傾向が強く，食料品支出額の半分以上を外食費に充てている．ブランド品や自動車など，金持ちの専有物と思われたものに対する若年層の消費意欲は強い．韓国では，2006 年以降，30 代の輸入自動車保有率は 40 代を追い越し，20 代の保有率も持続的に増加している．

　中国で今の消費の主力となる層は，1979 年の一人っ子政策導入後に生まれた「80 後」と呼ばれる世代である．80 後世代の所得水準が高い．さらに，両親や両祖父などの家族からの支援を受け，住宅や高級消費財の購買力が高い．それに加えて，インターネットや口コミを通じた情報量が豊富で，ファッション，デジタル製品，自動車などの分野で消費をリードする．

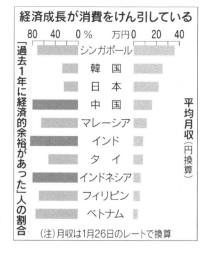

図 5.10　若者の平均月収と経済的な余裕があった人の割合

（出典：『日本経済新聞』2015 年 1 月 28 日朝刊．）

表5.2　アジアにおける各国製品イメージ

	1	2	3	4	5
日本製品	高品質な 71%	定評がある 53%	カッコイイ/ センスがいい 48%	先端技術のある 48%	安心/安全な 44%
アメリカ製品	高品質な 51%	定評がある 50%	カッコイイ/ センスがいい 47%	先端技術のある 45%	安心/安全な 39%
韓国製品	カッコイイ/ センスがいい 46%	活気や勢いを 感じる 38%	高品質な 31%	時代を切り拓 いていく感じ 31%	明確な個性や 特徴がある 30%

（出典：博報堂（2016）「アジア生活者が各国製品に対して抱くイメージ」p.2 より作成.）

　また，アジアの都市中間層では飛躍的な経済成長に伴う消費生活の現代化が進んでおり，若者の世界では，アジア各国の消費トレンドに時差がなく，中国や韓国，インドネシア，タイなどで同じ商品，サービス，ブランドに接する機会が若者の間で広がっている．経済産業省は，アジアの4都市（香港，シンガポール，バンコク，ムンバイ）を指定し，20〜30代の中間層を対象に，衣・食・住・移動・娯楽の各分野でどのような消費実態がみられるかを調査したものが，「アジア消費トレンドマップ」というレポートにまとめられている[5]．それによると，白物家電，デジタルカメラ，PC，携帯電話などの家電製品も普及が進み，調査対象の中間層以上では8割を超えて普及している．とりわけ，デジタル機器に関しては，機能を絞り込み，価格を抑えた機種が受容されているのである．

　また，日本製品のイメージをみると，全体として，品質がよく，信頼できる，技術力が優れているなどといったポジティブなイメージが強い．博報堂によるアジア15都市生活者が各国の製品に対して抱いているイメージについて分析した結果をみると，日本製品に対するイメージは品質及び信頼の高さがうかがえる．すなわち，表5.2に示されたように，1位「高品質」（71.3%），2位「定評」（52.9%），3位「カッコイイ/センスがいい」（47.8%），4位「先端技術」（47.6%），5位「安心/安全」（44.3%）となっており，ライフスタイルの都市化が進むアジアの消費者に高評価を得ている．特に品質が安定しない製品やサービスがまだまだ多いアジア諸国においては，信頼感や安心感は，日本における以上に価値あるイメージとなっているのである[6]．また，日本から連想するモノ・サービス・エンタテインメントは，「家電/AV製品」「デジタル製品」「自家用車」がトップ3で，「アニメ/漫画」「食」「観光」が続いており，多くの都市で耐久消費材の高さがうかがえる[7]．

　ところで，若年層の消費パターンをみると，家電や自動車といった耐久消費財はもちろん，マンション，レジャー，教育への支出が多く，特に新しいものに敏感で所得の割に支出が多いのが特徴である．しかもインターネットを活用した商品の技術進歩への理解力や情報の発信能力などを考慮すると，アジア市場での消費トレンドに大きな影響を与え続けるであろう．

---

[5] 経済産業省（2010）『通商白書2010』p.189.

[6] 同上

[7] 博報堂（2016）「アジア生活者が各国製品に対して抱くイメージ」（https://www.hakuhodo.co.jp/news/newsrelease/26100/）p.5, 2020年11月25日現在.

日本経済新聞の「アジア10カ国の若者調査」によると「今後3年以内に新たに買いたい製品・利用したいサービス」（複数回答）でスマートフォンが中国，インド，インドネシア，タイなど9カ国で首位である（表5.3）．格安端末の登場などでスマートフォンが急速に普及する中，若者たちが憧れるのは米アップルの「iPhone」や韓国サムスン電子の「ギャラクシー」など高機能な端末である．プラットフォームの構築で電子商取引など利用の幅が広がったことも消費欲を刺激する．一方，若者の欲しいものでその代表的な自動車はフィリピンで1位，中国，インド，

表5.3　3年以内に買いたいもの，利用したいサービス

	1位	2位	3位
中国	スマホ	車	海外旅行
インド	スマホ	車	パソコン
インドネシア	スマホ	車	パソコン
タイ	スマホ	車	パソコン
ベトナム	スマホ	バイク	パソコン
フィリピン	車	スマホ	パソコン
マレーシア	スマホ	車	パソコン
シンガポール	スマホ	パソコン	海外旅行
韓国	スマホ	パソコン	海外旅行
日本	スマホ	国内旅行	海外旅行

（出典：『日本経済新聞』2016年5月24日朝刊.）

インドネシア，タイ，マレーシアなど5カ国で2位である．これら諸国が若者の所得向上に伴うマイカーブームを追い風に自動車販売台数を拡大したことを考えると，今後もさらなる成長が期待される．

6.　若年層の消費トレンドとスポーツ

　注目すべきことは，アジアではスポーツが若年層の消費行動に与える影響が大きいという点である．そこで，アジアにおいて，スポーツ協賛が企業イメージの向上にどの程度影響を与えているか見よう．博報堂「アジア15都市生活者の好きなスポーツ，スポーツイベント」の調査によると[8]，「自分の好きなスポーツの大会を協賛・支援している企業に対してどのように感じるか」について「Yes」と回答した割合は，アジア15都市平均では，「その企業のイメージが良くなる」（77.2%），「その企業に活発さを感じる」（75.3%），「その企業に関心が高まる」（74.8%），「その企業が，地域や社会に貢献していると感じる」（73.7%），「そ

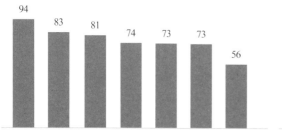

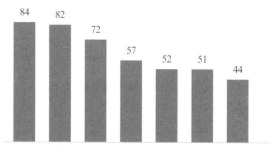

図5.11　スポーツ協賛と企業イメージの向上
（出典：博報堂（2016）「アジア15都市生活者の好きなスポーツ，スポーツイベント」p.5より作成.）

---

[8] 博報堂（2016）「アジア15都市生活者の好きなスポーツ，スポーツイベント」（http://consulaction.hakuhodo.co.jp/）を参照，2020年11月25日現在.

の企業の商品（サービス）が身近に感じる」（66.7%）という順であった[9]．図 5.11 の ① は，「その企業の
イメージが良くなる」の割合の高い都市の順に並んだものである．アジア 6 都市（マニラ，上海，ジャカ
ルタ，ムンバイ，ソウル，バンコク）では 7 割を超えるなど，ニューヨーク（56%）よりも影響が大きい
ことが伺える．また，「企業や商品（サービス）が身近に感じる」には，とくにマニラ，上海，ソウルでは
高く，7 割合を超えている（図 5.11 の ②）．アジア主要都市においてニューヨークのそれを超えているな
ど，スポーツ協賛がポジティブな影響を与え，企業イメージ向上に効果的である様子がうかがえる．

　また，好きなスポーツに関しては，アジア 15 都市平均では，男性のトップ 5 は，サッカー（57.2%），バ
スケットボール（32.9%），バドミントン（26.6%），水泳（23.4%），自転車（16.7%）で，サッカーが 2 位
以下を大きく引き離す．女性のトップ 5 は，バドミントン（32.0%），水泳（25.8%），サッカー（16.4%），
自転車（16.0%），バレーボール（15.7%）で，男性ほど特定のスポーツに人気が集中しているわけではな
い[10]．さらに都市別に見てみると，男性はサッカーの人気が高く，アジア 10 都市（香港，ソウル，上海，
北京，広州，シンガポール，バンコク，ジャカルタ，ホーチミンシティ，ヤンゴン）で 1 位となっており
人気の高さがうかがえる．一方，台北とメトロマニラでは「バスケットボール」，クアラルンプールでは
「バドミントン」，インド 2 都市（デリー，ムンバイ）では「クリケット」が 1 位となっている．また，ソ
ウルと台北では「野球」，バンコクでは「ムエタイ」と「ボクシング」，メトロマニラでは「ボクシング」，
ヤンゴンでは「セパタクロー」と「Cane Ball」の人気も高い．女性は男性ほど特定のスポーツに人気が集
中しておらず，「バドミントン」は 4 都市（香港，北京，広州，クアラルンプール）で 1 位，「水泳」も 4 都
市（上海，シンガポール，ジャカルタ，ホーチミンシティ）で 1 位に，台北は「自転車」，ソウルとヤンゴ
ンは「サッカー」，バンコクとメトロマニラは「バレーボール」，インド 2 都市（デリー，ムンバイ）は「ク
リケット」が 1 位となっているのである[11]．

　こうしてみると，アジア地域の多様性は，所得レベルや消費動態だけではなく，スポーツの人気や嗜好
なども，国ごとに特色豊かである．

第 2 節　デジタル化するアジア

1.　拡大するデジタル経済

　新型コロナウイルス感染症のパンデミックが発生し，経済・社会に深刻な影響を与えるなか，デジタル
経済は世界経済回復の新たなエンジンとされているなど，デジタル化の重要性は一層顕著になっている[12]．
世界のインターネットユーザーは，2000 年の 3 億 9000 万人から，2019 年には 41 億 3000 万人と急速に
拡大している．このうち半分である 23 億 500 万人がアジア諸国のインターネットユーザーである．

---

[9] 博報堂（2016）「アジア 15 都市生活者の好きなスポーツ，スポーツイベント」（http://consulaction.hakuhodo.co.jp/）p.5 を参
照．2020 年 11 月 25 日現在．

[10] 同上，p.2 を参照，2020 年 11 月 25 日現在．

[11] 同上．

[12] デジタル経済というのは，「デジタル化された財・サービス，情報，金銭などがインターネットを介して，個人・企業間で流通
する経済」と定義している．内閣府（2017）『平成 29 年度　年次経済財政報告—技術革新と働き方改革がもたらす新たな成長
—』p.149 を参照．

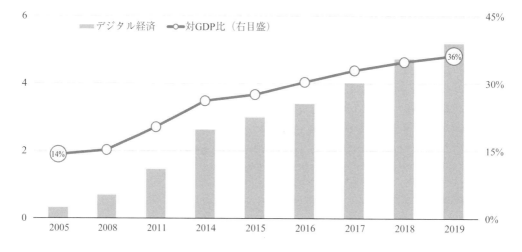

図 5.12　中国のデジタル経済の規模（兆ドル）
（出典：中国信息通信研究院（2020）「中国数字経済発展白皮书（2020 年）」p.8 及び p.12 より作成.）

「世界のデジタル経済の新景観」と題した報告書によれば，世界のデジタル経済の規模は 2019 年に 32 兆ドルに達し，世界の GDP（国内総生産）の 41.5% を占めている[13]．近年，アジアのデジタル経済は急速に拡大しており，2019 年の総額は 10 兆ドル（約 556 兆円）と GDP の 33.7% に達した．特に，中国ではデジタル経済の拡大の勢いが最も著しく，世界の注目を浴びている．「BAT」と称される百度（Baidu），アリババ（Alibaba），テンセント（Tencent）といった世界的デジタル企業の躍進に象徴されるデジタル経済が急速に進み，その規模は 2019 年に 5 兆 2,000 億ドル（約 548 兆円）に達し，GDP の 36.2% を占めている（図 5.12 参照）．中国の規模は，同年のアメリカの 13 兆 1,000 億ドル（約 1381 兆円）には及ばないものの，ドイツと日本の 2 兆ドル（約 211 兆円）の 2.5 倍を超えるものである[14]．

また，世界的にスマートフォンの普及やソーシャルメディアの活用・浸透を背景に，電子商取引（EC），オンライン旅行予約，ライドシェア，デジタル・メディア（ゲーム，映像，音楽など）などが急成長を遂げている．中でも電子商取引（EC）市場の成長には目を見張るものがある．2019 年の世界の EC 市場規模は 3 兆 5,300 億ドルとなり，2014 年（1 兆 3,362 億ドル）の約 3 倍へ拡大した．2023 年には約 6 兆 5,400 億ドルまでに拡大すると推計される[15]．地域別では，アジア地域が利用者数，成長率，市場規模とともに最大規模を誇り，世界の約 3 分の 2 を占め，今後も世界の EC 市場を牽引すると見られる．図 5.13 は主要国・地域の EC 市場規模を示したものである．中国の EC 市場は驚異的な成長を続けて，EC 市場規模が 1 兆 9,348 億ドルに達した．2005 年の時点で世界の EC の 1% に満たなかった中国の割合は 54.8% に達し，アメリカ（16.6%）を大きく上回る世界最大の市場となっている．

なお，中国に次いでアジア地域で注目されるのはインドと ASEAN 主要 6 カ国である．とくにインドは，

[13] 中国信息通信研究院（2020）「全球数字経新图景（2020 年）」（http://www.caict.ac.cn/kxyj/qwfb/bps/202010/t20201014_359826.htm）p.14 を参照，2020 年 11 月 20 日現在.
[14] 同上.
[15] 経済産業省（2020）「令和元年度 内外一体の経済成長戦略構築にかかる 国際経済調査事業（電子商取引に関する市場調査）」（https://www.meti.go.jp/policy/it_policy/statistics/outlook/ie_outlook.html）p.99 を参照，2020 年 11 月 19 日現在.

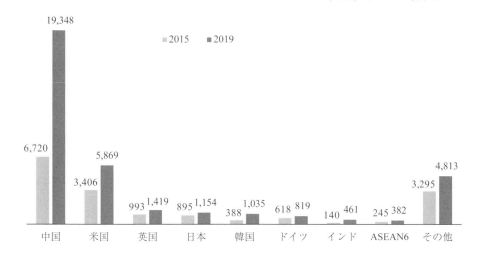

図 5.13　主要国・地域の EC 市場規模（億ドル）

（出典：経済産業省（2020）「令和元年度 内外一体の経済成長戦略構築にかかる 国際経済調査事業（電子商取引に関する市場調査）」p.100 より作成.）

中国に次いでインターネット利用者が多く，2014 年の 2.7 億人から 2019 年には 7.2 億人へと，5 年間で 4.5 億人が増加した．また，2018 年の EC 利用者数は 1.4 億人に達しており，とくに若年層の利用者が多く，全体の 77%を占める[16]．若年層の EC 利用者数の拡大とともに，インドの EC 市場規模も 2019 年に 461 億ドルと 2015 年から 3.3 倍も拡大しており，EC 化（小売売上高全体に占める EC の割合）も 5%に増大した．2025 年には日本を抜き，世界でも第 5 位の市場までに拡大すると見込まれている．特に，インドの EC 市場拡大要因としては，スマートフォンの普及が急速に拡大したこと，主要 EC 事業者による「Kirana（キラナ）」を活用した独自のラストワンマイルネットワークの構築が進んだこと，PaytmWallet や PhonePe などモバイル決済サービスの利用が拡大したこと，若年層の利用者が圧倒的に多いこと，地方農村部や低所得層の EC 利用者が急増していること，などが挙げられる．

　東南アジアでは，スマートフォンの普及とインターネット利用者の拡大よって，デジタル経済の拡大の勢いが最も著しく，世界の注目を浴びている．東南アジアのインターネット利用者は 2015 年から 2020 年までの 5 年間で 1 億 4000 万人が増加し，4 億人に達した．特に，若い世代の消費がアパレルやフットウェア，オンラインフードデリバリーなどに拡大し，デジタル市場の拡大を後押ししている．ASEAN 主要 6 カ国のデジタル経済の規模は，2020 年に 1,039 億ドルに達し，2015 年の 310 億ドルから 3.4 倍まで拡大し，さらに 2025 年には 3,090 億ドルに達する見通しである．すなわち，ASEAN6 カ国の対 GDP 比で，2015 年の 1.3%から，2020 年に 3.7%，2025 年までに 8%を超える見込みである[17]．国別では，図 5.14 に示されたように，インドネシア（1,240 億ドル），タイ（530 億ドル），ベトナム（520 億ドル），マレーシア（300 億ドル），フィリピン（280 億ドル），シンガポール（280 億ドル）の順で規模が大きい．ASEAN6 カ国の

---

[16] トランスコスモス株式会社（2019）『海外 EC ハンドブック 2019』インプレス，p.53.

[17] ASEAN 主要 6 カ国は，インドネシア，マレーシア，シンガポール，フィリピン，タイ，ベトナムである．Google, Temasek, Bain & Company（2020）「e-Conomy SEA 2020」（https://www.bain.com/insights/e-conomy-sea-2020/）p.31 を参照，2020 年 11 月 23 日現在.

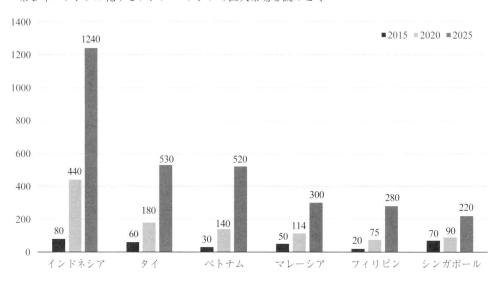

図 5.14　ASEAN 主要 6 カ国のデジタル経済規模の推移と見通し（単位，億ドル）
（出典：Google, Temasek, Bain & Company（2020）「e-Conomy SEA 2020」p.31 より作成.）

うち，インドネシアでは，インターネット利用者が 1 億 7000 万を超えたこと，ネット通販のトコペディア（Tokopedia），オンライン旅行予約のトラベロカ（Traveloka）など有力なスタートアップ企業を多く輩出したこと，さらにゴジェック（Go-Jeck）など日常の会話やライフスタイル，ネット通販，電子決済などの機能を一つにまとめたスーパーアプリが普及したこと，などによってデジタル経済が急速に進展した．すなわち，インドネシアのデジタル規模は，2020 年に 440 億ドルと，2015 年から 5.5 倍も拡大する見通しでその成長は著しく，2025 年には 1240 億ドルに達すると見込まれている．2025 年の 1,240 億ドル見込みのうち，電子商取引（EC）が 830 億ドル（2020 年見込み比 2.6 倍），ライドシェアが 160 億ドル（3.2 倍），オンライン旅行予約が 150 億ドル（同 5.0 倍），デジタル・メディア（ゲーム，映像，音楽など）が 100 億ドル（2.3 倍）など，いずれも高い成長が見込まれているのである．

2.　スマートフォンの普及とスーパーアプリの登場

　アジアにおけるデジタル経済の拡大の背景には，スマートフォンの普及や「プラットフォーム」の充実，スーパーアプリの登場，デジタルインフラへの投資や競争を促す法整備などが上げられる．ここでは，スマートフォンの普及とスーパーアプリの活用を中心にみることにしたい．まず，デジタル経済に欠かせないスマートフォンの普及について見てみよう．アジア諸国の新規のインターネット利用者の多くが若年層であり，また，総ユーザーのほとんどがスマートフォンからのアクセスであるといわれている．

　そもそも，アジアにおけるスマートフォンの使用は，どのくらい普及したのだろうか．博報堂の「アジア 14 都市生活者における情報端末の保有・利用実態についての分析結果」を見てみよう[18]．スマートフォ

---

[18] アジア 14 都市（香港，台北，ソウル，シンガポール，クアラルンプール，バンコク，マニラ，ジャカルタ，ホーチミンシティ，デリー，ムンバイ，北京，上海，広州）を対象に実施したものであり，博報堂（2017）「アジア 14 都市生活者のスマートフォンの保有と e コマースの利用」（https://www.hakuhodo.co.jp/news/newsrelease/37174/）を参照，2020 年 11 月 25 日現在.

ンの保有率が高い都市は，2016年には，香港，台北，中国3都市（北京，上海，広州），ソウル，シンガ
ポール，クアラルンプールなどで軒並み95%以上の保有率となり，東京の87.4%よりも高い．一方，バン
コク，ホーチミン，ムンバイ，ジャカルタなどは東京より低いものの，70%以上が保有しており，最も低
いデリーでも64%の保有率である．

　アジア14都市のインターネット利用者も，2012年にはパソコンからのアクセスが多かったが，2016年
には各都市でスマートフォンでのアクセスがパソコンでのそれを上回っている．ちなみに，スマートフォ
ンとパソコンのネットへのアクセス率の差が大きいのは，ホーチミン，バンコク，ジャカルタ，ムンバイ，
デリーであり，これらの都市では，パソコンがネットアクセスのスタンダードという時代を経ることなく，
スマートフォンメインの環境に移行しつつあるのである．これは，パソコンよりスマートフォンの方が価
格面でより安いこと，利便性や機能性が高いこと等により，先進国とは異なり，電話回線や光ファイバー
といった従来のインフラが整う前にスマートフォンが普及したためである．すなわち，先進国が遂げてき
たパソコンからアクセスする過程をスマートフォンの活用により一段飛びで抜かす現象が起きている．い
わゆる「リープフロッグ（leapfrog）」の現象である．

　最近ミレニアル世代が注目を集めているが，スマートフォン保有率が低めのデリーなど都市では，15〜
34歳のいわゆるミレニアル世代の保有率は，それ以上の世代に比べると相対的に高い．なお，インター
ネットの利用に関しても，図5.15に示された通り，ミレニアル世代では各都市でもスマートフォンでアク
セスしている人が70%を超えており，都市による違いが小さいのである．

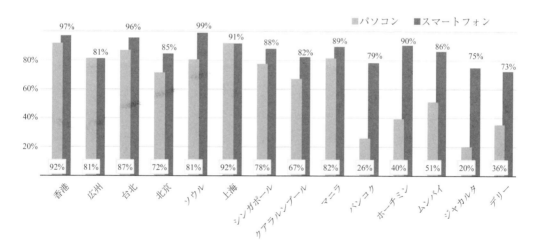

図5.15　インターネットによく接する情報端末（15〜34歳）
（出典：博報堂（2017）「アジア14都市生活者のスマートフォンの保有とeコマースの利用」p.3.）

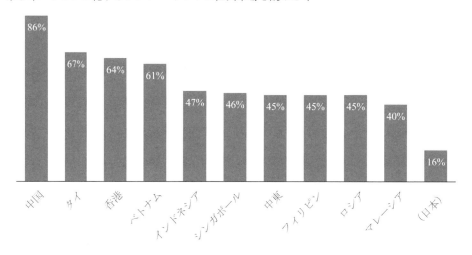

図 5.16 スマホ決済の利用者割合の上位 10 カ国
(出典：PwC（2019）「Global Consumer Insights Survey 2019」
(https://www.paymentscardsandmobile.com/global-consumer-insights-survey-2019/)，p.6，2020 年 11 月 21 日閲覧.)

3. アジアが世界を牽引するデジタルコマース分野

（1） デジタルウォレット

アジアのスマートフォンの普及は，通信技術の進化に伴い，さらなる高速・大容量化が進んだことで，ワイヤレスでも固定通信と遜色ないデータ通信が可能となり，モバイル向けサービスも一気に広まった．特に，アジアではキャッシュレス化が進展しているが，スマートフォン決済の進展と合わせ，デジタル経済化に弾みがついている．QR コード決済などに代表されるスマートフォン決済は，中国でモバイル決済の手段として応用されたことで，今や中国をはじめとして東南アジアやインドなどで急速に利用が拡大している．東南アジアでは，「レストランや屋台での外食」，「配車サービス」，「デリバリー・サービス」などでクレジットカード決済よりスマートフォン決済が主流となっている．図 5.16 は，スマートフォン決済の利用者割合が高い国を示したものであるが，上位 10 カ国のうち 8 カ国をアジア各国が占めている．日本の 16%と比べると，中国と香港だけではなく，特に東南アジアの 6 カ国の高い利用率が目につくのである．英調査会社ユーロモニター・インターナショナルによると，2018 年，アジアの消費者はモバイル端末で1.6 兆ドルもの取引を行ったという．これは世界全体で取引されたモバイル決済額の 61%に相当するものであり，アジア地域はモバイル決済分野において世界的なリーダーであることを意味する[19]．

（2） スーパーアプリ

もう一つ注目すべきことは，さまざまなサービスを統合したスーパーアプリの存在である．通話やメールなどの「コミュニケーション」，ゲームや動画などの「エンターテインメント」，電子商取引や電子決済などの「買い物」，など機能を一つにまとめた総合的なスマートフォンアプリケーションであり，ユーザーにとっての利便性は極めて高い．スーパーアプリは欧米よりもアジアで顕著であり，中国のウィーチャット

---

[19] ミシェル・エヴァンス（2019）「デジタル化するアジア世界的なトレンドを形作る影響力」(https://go.euromonitor.com/white-paper-digital-consumer-2019-digitalisation-in-asia-trends_JP.html) p.13 を参照，2020 年 11 月 26 日現在.

（WeChat）やアリペイ（Alipay），インドネシアのゴジェック（Go-Jek），シンガポールのグラブ（Grab），インドのペティーエム（Paytm）などはすべてアジア発のアプリケーションである．

　その中でもユニークな試みがされているのは，インドネシアのゴジェックである．2010 年にオートバイのライドシェアからスタートした同社は，2019 年にはインドネシア初のデカコーン企業（推定評価額 100 億ドル以上の未上場企業）となった．電子決済やメッセージングアプリとしてサービスを開始させたスーパーアプリが多い中，ゴジェックはオートバイの配車アプリとして始まり，その後フードデリバリー（Go-Food），宅配便（Go-Box，Go-Send），出張掃除サービス（Go-Clean），メッセージング（Go-Message），出張美容（Go-Glam），電子決済（Go-Pay）など提供するスーパーアプリへと進化した．

　ゴジェック創業者のナディム・マカリム氏が起業したきっかけは，インドネシアに根づいている OJEK（オジェック）と呼ばれるバイク・タクシーのドライバーから「勤務時間の 7 割は客待ち」という話を聞き，インドネシアのバイクタクシーを米ウーバー（Uber）の如くテクノロジーで効率化できないかという問題意識であった．そこでバイク・タクシーのドライバーと利用者の両者に利便性を提供するために，米ウーバーのビジネスモデルを取り入れて，オートバイを所有する 20 人のライダーとともに，オートバイのライドシェアサービス会社を立ち上げた．とりわけ，2015 年にスマートフォンの普及に合わせモバイルアプリを導入したことで，ドライバー数も 2014 年には 309 人であったのが，2016 年には 25 万人に，さらに 2019 年には 200 万人へと急増したのである．現在は，ゴジェックは 203 都市に点在する 200 万人ものドライバーネットワークを利用して，米ウーバーとは違い，徹底した現地化戦略を展開し生活全般のプラットフォームを築き，（1）ライドシェア／宅配，（2）フードデリバリー，（3）専門家出張サービス，（4）エンターテインメント，（5）決済サービス，など「総合サービス業」と呼べるほど様々な分野のサービスに乗り出したのである．そして，ゴジェックは現地化戦略を武器に，今やシンガポール，タイ，ベトナムに進出し，東南アジアで同業のライバルであるグラブ（Grab）と激しい競争を繰りひろげているのである．

　ここで注目しなければならないのは，ゴジェックが社会課題の解決を目指すスタートアップ企業として，社会価値と経済価値の両面を創出し，「持続可能なビジネスモデル」を築いたという点である．ゴジェックはデジタル技術を活用して，失業者に雇用機会の提供，貧困削減，インフォーマルセクターの削減，女性の自立支援といった社会課題の解決に大きく貢献しているからである．いわば SDGs ビジネスのパイオニアといえよう．たとえば，ゴジェックの社会課題の解決については，次の二つを参照したい．まず，経済産業省『通商白書 2020』では，「生活のあらゆる場面で使える『スーパーアプリ』の恩恵を受けたのはユーザーのみならず，ドライバーである．貧困状況にあったバイクタクシーの運転手が Gojek の運転手になることで収入の増加，生活の安定につながった．また，『スーパーアプリ』のビッグデータが，ドライバーの銀行口座開設や零細業者への低利融資といったフィナンシャル・インクルーシブ・グロースの実現につながっている」と述べられている[20]．次に，堺原いずみの研究では，「そもそもバイクタクシーのドライバー数というのは相対的に収入が低い業種である．GO-JEK は，彼らを組織化し，IT 技術を活用して業務の効率化を図り，サービスの安全性も確保した．結果として，ドライバーの収入は増え，利用者の利便

---

[20] 経済産業省（2020）『通商白書 2020』p.340 を参照.

性も増した．加えて，アプリ内決済ツールとしてローンチした **GO-PAY** を本格的な電子決済サービスにスケールアップさせ，伝統的な金融サービスの代替として利用可能とすることで，フィナンシャル・インクルージョンにも一役買った」と社会変革への貢献について指摘されている[21]．

第 3 節　本章のまとめ

　停滞のアジアは，1960 年代から驚異的な成長を成し遂げ，「世界の工場」から「世界の成長センター」となり，アメリカとヨーロッパとならぶまでの巨大市場に成長した．今や世界中でアジア地域ほど自動車及びやデジタルの消費が著しい地域は他にない．なお，アジアでは，日本と比較にならない程，オールインワンのスーパーアプリが受け入れられ，人々の生活にデジタル分野が深く浸透している．そして，アジアでは，デジタルに親密な若い世代の消費層が，オンラインショッピングやフードデリバリー，エンターテインメントなどデジタル経済の成長を押しているのである．

　企業がアジア地域で勝ち抜くためには，なお世界的なデジタル消費者トレンドという観点からも，アジアの若い世代がいかにデジタル・ライフスタイルを享受しているかを考察することは不可欠であろう．

参考文献

- 伊藤亜聖『デジタル化する新興国 ― 先進国を超えるか，監視社会の到来か』中公新書，2020 年.
- 遠藤環，伊藤亜聖，大泉啓一郎，後藤健太（編著）『現代アジア経済論 ―「アジアの世紀」を学ぶ』有斐閣，2018 年.
- 蟹江憲史『SDGs（持続可能な開発目標）』中公新書，2020 年.
- 川端基夫『消費大陸アジア ― 巨大市場を読みとく』ちくま新書，2017 年.
- 後藤健太『アジア経済とは何か ― 躍進のダイナミズムと日本の活路』中公新書，2019 年.
- 末廣昭『新興アジア経済論　キャッチアップを超えて』岩波書店，2014 年.
- 宮崎勇・田谷禎三『世界経済図説（第四版）』岩波新書，2020 年.
- 李智慧『チャイナ・イノベーション　データを制する者は世界を制する』日経 BP 社，2018 年.

さらに深く学ぶために参考となる Web サイト	
(1)　アジア経済研究所	https://www.ide.go.jp/Japanese/
(2)　日本貿易振興機構（ジェトロ）	https://www.jetro.go.jp/
(3)　総務省統計局（世界の統計 2020）	https://www.stat.go.jp/data/sekai/0116.html
(4)　中国の科学技術の今を伝える（Science Portal China）	https://spc.jst.go.jp/index.html

---

[21] 堺原いずみ（2019）「社会を変えるアプリ『GO-JEK』」『調査レポート R & A』2019 年 9 月号（https://www.kddi-research.jp/topics/2019/092701.html）p.1 を参照，2020 年 11 月 22 日現在.

第6章

情報化の進展と企業

本章の概要

本章では，情報通信技術（ICT: Information and Communication Technology）が企業をはじめとする組織，さらに社会や経済システムに与えている変化と影響，今後の課題について論じる．情報通信技術，なかでも情報通信ネットワークの発達と普及は，企業の組織や戦略，企業間関係，さらにはビジネスや社会のありかたにまで，さまざまな変化をもたらしている．企業のみならず，家庭や個人，公共部門も情報通信ネットワークによって相互に繋がれ，われわれはその便利さを享受する一方で，日々の生活とそれを成り立たせている経済社会のしくみそのものが情報システムへの依存を強めている一面も見られる．それゆえ，その安全性・信頼性の確保が社会的にも重要な課題となっている．ICT に関連する分野は一企業や産業にとどまらず社会や生活を変革するさまざまな可能性を持っており，今後ますます，経済と社会の発展に貢献することが期待される．

第1節　はじめに－「情報化」を論ずる意義－

DX（デジタルトランスフォーメーション），5G，RPA，Fintech，IoT，AI，GAFA，データサイエンス，ビッグデータ，クラウド，Society 5.0，etc.…．新聞を開くと，毎日のように次々と ICT に関わりのある新しい言葉が紙面に踊っている．そのうちのいくつかは，「バズワード（buzzword）」として数年後には消えてしまうものもあるだろうし，またいくつかは誰もが日常的に使う言葉として定着するかもしれない．いずれにせよ，現代社会の変化と情報，ICT は切り離せないものとなっていることは明らかである．こうした傾向は，すでに数十年前から始まっていることで，いわゆる「情報化」，「ソフト化」の流れはますます加速している．経済の「情報化」をまずはマクロ経済の統計指標で見てみよう．

2018（平成30）年における我が国の情報通信産業の市場規模（名目国内生産額）は約99.1兆円となっており，全産業の市場規模（1013.5兆円）の約9.8%を占める最大規模の産業となっている．情報通信産業の雇用者総数は2018年時点において約404.5万人で，全産業に占める割合は約5.7%となっている．内訳を見ると，TV・コンピュータやその部品（半導体や集積回路など），周辺機器といったハードウェアの製造（情報通信関連製造業）に従事する人が減少（2000年：1171千人→2010年：801千人→2018年：669千人）し，また，印刷・製版・製本業といった旧来のメディアに関連した事業分野に従事する人が減少（2000年：513千人→2010年：436千人→2018年：408千人）している一方で，ソフトウェア開発や情報処理を中心とする情報サービス業に従事している人が増加（2000年：977千人→2010年：1081千人

→ 2018 年：1179 千人）しており「ソフト化」の傾向がうかがえる．とりわけ近年は，インターネットに付随するサービスを提供する事業に従事する人が増える傾向が顕著（2005 年：62 千人→ 2010 年：68 千人→ 2018 年：100 千人）である[1]．

表 6.1　時価総額ランキング

順位	（1992 年 12 月末時点）			（2020 年 10 月末時点）		
	企業名	時価総額 （億ドル）	国	企業名	時価総額 （億ドル）	国
1	エクソンモービル	759	米国	アップル	18,481	米国
2	ウォルマートストアーズ	736	米国	サウジアラムコ	17,958	サウジアラビア
3	GE	730	米国	マイクロソフト	15,315	米国
4	NTT	713	日本	アマゾン・ドット・コム	15,120	米国
5	アルトリア	693	米国	アルファベット （Google）	11,009	米国
6	AT & T	680	米国	アリババ・グループ・ホールディング	8,127	中国
7	コカコーラ	549	米国	フェイスブック	7,499	米国
8	パリバ銀行	545	フランス	テンセント・ホールディングス	7,283	中国
9	三菱銀行	534	日本	P & G	5,497	米国
10	メルク	499	米国	バークシャー・ハサウェイ	4,842	米国

（出典：https://finance-gfp.com と http://buffettbu.jp/blog-entry-111.html をもとに作成．）

　世界全体で見ても，時価総額ランキングの上位をいわゆる IT 系企業が占める（表 6.1）など，ICT が産業や経済の中心となっている象徴的な現象がみられる．

　われわれが日常的に使っている工業製品も「情報化」が進んでいる．デジタル信号波のみを処理すればよくなった TV はコンピュータディスプレイに限りなく近づき，さまざまな安全性能を纏う自動車は数十〜百数十台のコンピュータを搭載して情報を処理している[2]．今後，自動車の自動運転化，EV（電気自動車）化が進めばこの傾向はさらに強くなるであろう．

　このように情報と ICT がイノベーションや成長の原動力としてこれからの社会におけるビジネスの基盤であることは明らかである．経済や産業，社会の情報化がすすみ，ICT への依存を強めるにつれて，一方では，企業の情報システムの障害が深刻な社会的影響をもたらすこともまた多くなってきている．それゆえに企業と経済・社会の関係を「情報化」の視点で論ずる意義が生まれる．

---

[1] 総務省『情報通信白書（令和 2 年版）』2020 年 8 月．
[2] 自動車に搭載されている組込み型コンピュータ（ECU: Electronic Control Unit）の数は車種によって大きな違いがあるが，2018 年で平均 23.7 個．（富士キメラ総研調査）

第 2 節　情報化の歴史的意味

　社会が「情報化する」とはそもそもどのようなことを言うのであろうか？　また，その情報化と ICT はどのように関係しているのであろうか？

　社会の変化を情報の視点で分析し，「情報（化）社会」として議論するようになったのは，1960 年代からである[3]．以降，さまざまな情報化社会論が出されているが，情報化が何を指すかについては論者により異なり，統一した定義はない．経済面からみれば，前述したような生産額や就業者数の全産業に占める割合の変化[4]や成長率への寄与の拡大を情報化の根拠とする考えがある．また，消費の面からみて，商品そのものの機能や使用価値だけでなく，イメージやブランドなど，情報的な価値が増大する傾向をとらえて情報化を説くこともある．ほかにも，政治や文化，生活の諸活動などの変化を論拠とする情報化論も多く存在する．それらの多くの議論のなかで広く社会に情報化の影響を説き話題となったのが，1980 年，アメリカの未来社会学者，アルビン・トフラーが書いた「第 3 の波」[5]である．この本は世界各国で翻訳され，世界的なベストセラーとなった．トフラーは，その中で，人類がその歴史上すでに 2 回の大変革の「波」を経験している，と述べている．

　第 1 の波は，約 1 万 5000 年〜1 万年前に起こった「農業革命」[6]であり，これにより人類は狩猟や採取を中心とする生活から農耕による栽培によって「生産する」ということを獲得し，それによってより多くの人間を養うことができるようになった．また，同時に集団の定住化が進み，村落や街のような定住圏を基礎とする経済圏が形成されていった．

　第 2 の波は，18 世紀中期に始まる「産業革命」であり，人類は大量の工業製品を生産・流通・消費すること（＝マス化）が可能になった．マス化は経済活動にとどまらず，メディアや教育などさまざまな社会システムでも進行し，いわゆる「産業社会」（＝工業（化）社会）を形成した．そして，20 世紀の終わりから 21 世紀にかけて「情報革命」が第 3 の波として到来し，「脱工業化社会」へと向かう，と説いた．情報化によって産業がモノづくり優先からサービス優先へと変化し，多様化した人々の欲求を充たすため均一化・規格化された大量生産から特定の人々に対して柔軟かつ効率的に製品を提供する（マスカスタマイゼーション）ようになると予想した．また，工業化によって分離した生産者と消費者が情報技術の進歩によって再び融合し，消費者が生産をも行えるようになる「生産消費者」（プロシューマー[7]）が生まれる，とした．そして，これまでの工場労働を前提とし工業化に適応したさまざまな社会的なシステム（たとえば，職場[8]，結婚，家族，組織，国家，等々…）もまた規格化から多様化へと大きく変容していく．

---

　　[3] 梅棹忠夫「情報産業論」『中央公論』78 巻 3 号，中央公論社，1963 年，林雄二郎『情報化社会』講談社，1969 年など．

　　[4] 1960 年代にマッハルプが，70 年代にポラトがそれぞれ明らかにしたように，以前から情報化による産業構造の変化にともない情報に関わる産業に就業する雇用労働者数が増大する傾向，あるいは情報に携わる仕事に従事する人々の割合が増加する傾向は統計的に明らかになっている．Machlup F., "*The Production and Distribution of Knowledge in the United States*", Princeton University Press, 1962 ／ Porat M. U., "*The Information Economy: Definition and Measurement*", U.S. Government Printing Office, 1977

　　[5] Toffler A., "*The Third Wave*", William Morrow, 1980（邦訳：徳山二郎他訳『第三の波』日本放送出版協会，1980 年）

　　[6] トフラーがここでいう農業革命は経済史学などでいう 18 世紀イギリスの輪作と囲い込みによる変化ではない．

　　[7] 生産者（producer）と消費者（consumer）とを組み合わせたトフラーの造語．

　　[8]「自然環境に恵まれた郊外に建つ家庭の中にある小型のコンピュータが高速の電話回線で結ばれれば，それがエレクトロニクス・コテージ（電子小屋）になる．そうなれば，もうわざわざ会社のあるダウンタウンまで出かける必要はなく，家にいて会

表 **6.2**　経済成長とその源泉

時代	革命	背景	成長の源泉
農業の時代	農業革命	開墾（囲い込み運動）	肥沃な広い土地
工業の時代	第一次産業革命	石炭（蒸気機関）	資本設備
	第二次産業革命	電力，石油	
情報・知識の時代	情報・知識革命	ICT（＋ユビキタス）	情報・知識

（出典：総務省『情報通信白書（平成 19 年版）』p.2. 図表 1-1-1 をもとに作成.）

　また，経営史学者のチャンドラーも，20 世紀の後半に工業の時代から情報の時代に変換したと指摘している[9]．その情報の時代においては，情報や知識をいかに利用するかが経済成長に重要な意味を持つとされる．（表 6.2）

　社会の変化は，情報を伝達するメディア（媒体）の変化によっても分けられる．（図 6.1）

　狩猟採取社会では，人から人へと情報を伝達するメディアは人の発する音声が中心であった．情報が伝達される空間的範囲は限定され，時間的にもその場限りのものであった．（ラスコーやアルタミラの洞窟壁画に代表されるように，紀元前 1 万 5 千年頃の旧石器時代にはすでに絵画という形で情報が保存・伝達されていたようではある.）紀元前 3500 年頃になるとシュメール人が楔形文字を用いて言語を表記するようになる[10]．文字は，情報を記録し，時間と空間を超えて伝達することを可能にした．

　さらに時代が進むと，印刷によって情報を大量に複製し伝達することが可能となった．（木版印刷の登場が 8 世紀前半，有名なグーテンベルクの活版印刷の実用化が 1447 年である.）情報を伝達するメディア

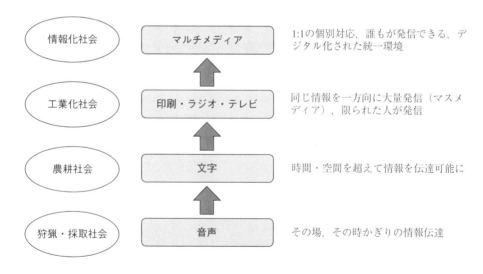

図 **6.1**　メディアの進歩と社会の発展

社と通信して仕事をこなすことができる.」とテレワークなど働き方の変化についても言及している.

[9] Chandler A. D., Jr., "*The Information Age in Historical Perspective*"（所収: Chandler and Cortada J. W., "*A nation transformed by information*", Oxford University Press, 2000）

[10] 最古の文字が何かとなると諸説ある．中国では 1 万 6 千〜1 万年前の絵文字が発掘されたと報じられているが，言語表記ができたかは不明．（朝日新聞 2005 年 10 月 7 日）

はその後長く文字や静止画像（絵や写真など）を伝える印刷が主流であったが，20 世紀に入ると無線技術の発展によりラジオやテレビが発明され，文字以外にも音声や動画像を遠く離れたところへ大量に伝達することが可能になった．こうしたメディアは資本力のある特定の少数の発信者（新聞社，出版社，放送局などの「マスコミ」）が不特定の多数者にむかって大量の情報を伝達することから「マスメディア」とよばれるが，ほとんどの場合その伝達は発信者から受け手への一方向である．

　20 世紀の終わりから現在も進行しているメディアの変化は，この一方向の流れを大きく変えつつある．文字・音声・画像などあらゆる情報をデジタル化した信号でやりとりしコンピュータの統一環境で処理する，いわゆるマルチメディア化の流れは，インターネットを利用することによって誰もが安価に世界に向けて情報を発信できるようにし，マスコミもデジタル化された放送技術によって双方向のやりとりが可能となった．

　このようにあらゆる情報をデジタル化して高速なネットワークでやりとりするという動きは社会のさまざまな活動，とくに企業の活動に大きな変化をもたらしている．その変化は 2000 年頃からますます顕著なものとなっていて，多くの人々がその変化を「革命」と称した．「IT 革命は，18，19 世紀の産業革命よりも影響が大きい」[11]，「IT 革命とは，情報技術の飛躍的発展を基礎とする IT 関連経済活動の急拡大が経済社会を本質的に変革し，新たな経済発展の段階に進むこと」[12]…21 世紀を迎えるにあたって，世界中の識者が情報通信技術の発展と普及を変革要因とする大きな社会的変化が起こりつつあることを指摘し，それを「IT 革命」と総称，これを機に IT という言葉は一世を風靡することとなった[13]．

　とりわけ，1990 年代後半からインターネットの普及が拡大するに連れて，社会に流通する情報量も爆発的に増えている．総務省の 1996 年から 2006 年の情報量の推移に対する調査によれば，我が国においてその 10 年間で消費可能情報量が 33 倍，選択可能情報量は 530 倍に増えている[14]．2017 年に行われた別の調査によると，世界で流通しているデジタルデータ量は 1984 年から 2017 年に約 70 億倍に増加し，2021 年には 2017 年の 2.3 倍にあたる月間 278EByte に，2022 年には 396EByte まで増加すると予測されている[15]．今後，この傾向はますます強くなっていくであろう．

　官民あげて推進されている DX（デジタルトランスフォーメーション），爆発的に増えたビッグデータの解析と利用，AI（Artificial Intelligence：人工知能）による知的作業の機械化，あらゆるモノがインターネットに接続される IoT，通貨のデジタル化・キャッシュレス化等々，情報をとりまくさまざまな動きも

---

[11] 出井伸之・IT 戦略会議議長・SONY 会長（当時）『東京新聞』2000.6.11.

[12] 土志田征一・日本経済研究センター理事長（当時）「IT 革命は日本経済の救世主か」『週刊東洋経済』2000・6/10 号，p.50.

[13] 「IT 革命」は 2000 年の新語・流行語大賞（自由国民社）にも選ばれている．以前は，情報技術を示す略語として IT が使われていたが，現代では，通信ネットワークのコミュニケーション機能の拡大を受けて ICT を使うことが多くなっている．たとえば，政府は，2004（平成 16）年 8 月に総務省が発表した「平成 17 年度 ICT 政策大綱　ユビキタスネット社会の実現へ向けて」のなかで，「増大するコミュニケーションの重要性に鑑み，「IT 政策大綱」から「ICT 政策大綱」へ名称変更」したとしている．本章では議論の都合から両方用いている．

[14] 総務省が音声や紙の出版物などアナログな情報を含めた流通情報量を調査した「流通情報センサス」および「情報流通インデックス」（各年度，2009（平成 21）年度まで）．消費可能情報量：情報の消費者が実際に受け取り消費した情報の総量，選択可能情報量：情報の消費者が選択可能な状態で提供された情報の総量．

[15] 米コンピュータネットワーク機器開発会社 Cisco が 2017 年に行った調査．2015 年から 2020 年にかけて年平均成長率 22%（5 年間で約 2.7 倍）で増加し，2020 年には 1 か月あたり 194EB，年間 2.3ZB になると予想．Cisco（2019）「Cisco Visual Networking Index（VNI）：2017～2022 White Paper」(https://www.cisco.com/c/ja_jp/solutions/collateral/service-provider/visual-networking-index-vni/white-paper-c11-741490.pdf)

こうした歴史的な大きな変化の文脈の一部としてとらえることができよう．

第3節　企業における ICT と情報利用の変遷

コンピュータが 1940 年代に開発[16]されてから約 80 年が経過した．当初，コンピュータは「電子計算機」と呼ばれていたように，数値計算や計数管理に用いられ，軍事目的や科学技術計算，統計処理など限られた用途に特別の技能を持った専門家が使用する機械であった．

1950 年，最初の商用コンピュータ UNIVAC-I が開発され，コンピュータがビジネスの場面で使用されるようになってきた．しかし，まだ非常に高価な上にそれほど複雑な処理はできなかったので，証券・保険・銀行といった金融機関や商社などで，比較的単純な伝票集計処理や給与計算，経理処理などに用いられるにとどまっていた．1960 年代になると，定型的なルーチンワーク（定例的に繰り返し発生する課業）をコンピュータで処理する動きが拡大する．こうしたデータ処理を中心とする情報システムは，EDPS（Electronic Data Processing Systems）とよばれた．

さらに，1960 年代中頃，米国で提唱された MIS（Management Information Systems）の概念は日本にも持ち込まれて一世を風靡する．MIS は企業の諸活動にかかわるあらゆる情報を蓄積することで，組織のあらゆる階層に必要な情報を必要なタイミングで提供することにより，業務の合理化と意思決定の効率化をめざそうという，いわば万能型の理想的な情報システムとして構想されたが，当時のハードウェア技術や処理能力の制約や組織階層―業務―情報の関係がまだ十分に分析されていなかったこともあり，「MIS は幻想」といった評価が下されるようになってブームは沈静化していく．

1970 年代になると，MIS で構想された情報システム概念は，個別の方向性をもって発展していくことになる．ひとつは，人や組織の意思決定を支援することを目的として特化した情報システム，DSS（Decision Support Systems：意思決定支援システム）である．もうひとつは EDPS の流れを汲み，急速に進歩するハードウェア技術の成果を生かし，大量のデータや情報を高速処理することで業務効率の改善を図るというものである．DSS はデータベースに蓄積されたデータをディスプレイを通じてさまざまに抽出・加工することで非定例的・非定型的な意思決定を支援することを目的とした対話型の情報システムで，省力化や効率性よりも導きだされる意思決定の有効性が重視された．

1970 年代の終わりから 80 年代に入ると，生産現場と比較すると遅れていたオフィスワークの効率改善が課題として持ち上がる．従来のコンピュータに加えて，おりしも登場しつつあったワードプロセッサや PC（パーソナルコンピュータ）などを利用してホワイトカラーの生産性を向上させるというシステム概念―OA（Office Automation）が登場し，この考えは現在に至るまで大きな流れとなっている．

企業の経営資源というと，伝統的に「ヒト，モノ，カネ」の三つが言われてきた[17]が，1980 年代頃から，それらに「情報」を加えて四つとすることが一般的となった．これは，「ヒト・モノ・カネ」の有形の資源

---

[16] 「世界最初のコンピュータ」は何かということには諸説がある．ABC（米，1942 年），ENIAC（米，1946 年），Z3（独，1941 年），Colossus（英，1943 年）など．

[17] Penrose E. T., *"The Theory of the Growth of the Firm"* Basil Blackwell, 1959（邦訳：末松玄六訳『会社成長の理論』ダイヤモンド社，1962 年）など．

だけでなく，顧客や市場などのさまざまな情報，組織に蓄積された知識やノウハウ等々の無形の資源もまた企業価値と競争力を高める重要なものとして認識されるようになってきたことを意味する．

　1980 年代中頃になると，それまで効率化・省力化を大きな目的として構想されてきた企業の情報システムに，まったく異なる考え方が登場してくる．それが SIS（Strategic Information Systems：戦略的情報システム）[18] である．SIS は企業が情報システムを戦略実現の手段として構築するもので，なかでも他社との差別化，顧客の囲いこみによる市場占有率の向上などを実現することで，他社に対して競争優位を獲得，維持することを目的とされた．

　1990 年代に入り，SIS 以降，経営情報システムとして完結した情報システム概念は登場しなくなり，かわりにビジネス・プロセスそのものを ICT を用いて変革しようという概念が登場してくる．既存の組織やビジネスルールを抜本的に見直し，プロセスの視点で職務，業務フロー，管理機構，情報システムを再設計（リエンジニアリング）する BPR（Business Process Reengineering）はその一例である．

　さらに 90 年代中頃からインターネットの商業利用が本格的に進むにつれて，企業のビジネス・プロセス革新は，個別企業を中心とした情報システムから，企業間，企業と顧客の間などさまざまなコミュニケーションネットワークを前提として実現されるようになってくる．原材料や部品の調達から最終顧客までの製品やサービスの流れを一つの供給の連鎖（サプライチェーン）として考え，その連鎖の全体最適を実現するため構成企業間で取り交わす情報をベースに製品やサービスの流れを統合的に管理する SCM（Supply Chain Management）[19]，詳細な顧客データベースによって顧客との長期的な関係維持や強化を行うための仕組みである CRM（Customer Relationship Management）[20]，経営資源を統合管理し全体の視点から業務プロセスの最適化を図る ERP（Enterprise Resource Planning：企業資源計画）[21]，大量のデータから要素間の関係性を導き出す DWH（Data Warehouse：データウェアハウス）[22]，顧客情報や商談事例など営業活動に関わる情報をデータベースに蓄積し，分析・共有することで営業の生産性向上を図る SFA（Sales Force Automation：営業支援システム）などが代表的なものとして挙げられる．

　このように情報システムの利用が拡大しその有効性が検証されていくにしたがって，それまでのように ICT が人間を支援するしくみとして，あるいは情報システムそれ自体を自己完結したひとつの塊として構想するという視点から，システムと関係するさまざまな人的・組織的要因をも考慮し ICT と人間が相互に補完しあうものとして構想する視点が重視されてきている．

　2000 年代になるとインターネットをプラットフォームとしてビジネスモデルを構築する企業が台頭してくる．このビジネスモデルは，需要側（消費者）のニーズにあわせた最適なモノやサービスを供給側

---

[18] アメリカン航空の座席予約システム SABER やセブンイレブン・ジャパンの POS システム，ヤマト運輸の NEKO ネット（荷物追跡システム）などが事例として挙げられる．

[19] 在庫や仕掛品の削減，品切れ防止，生産や供給のリードタイムの短縮によりキャッシュフローの面で効果を持つ．

[20] 商品の売買から保守サービス，問い合わせやクレームへの対応など，個々の顧客とのすべてのやり取りをきめ細かく一貫して管理することで，顧客の満足度を高め，常連客として囲い込んで収益率の極大化をはかる．

[21] 具体的には，企業活動全体にわたる業務データをデータベースにまとめて一元管理する．

[22] 情報（Data）の倉庫（Warehouse）の意味で時系列に蓄積された大量の業務データの中から，各項目間の関連性を分析するシステム．その特徴は，時系列の，しかも伝票・明細レベルの大量の生データを蓄積し，さまざまな検索手法を駆使する（データマイニング）ことで，従来の単純な集計では明らかにならなかった各要素間の関連を洗い出すことにある．BI（Business Intelligence）の一つと位置づけられることもある．

（メーカー・サービス事業者等）とマッチングさせる仕組みを提供する．なかでも，GAFA，BATH に代表される大規模なプラットフォーマーは，インターネット上にサービスの基盤（プラットフォーム）となるシステムやサービスを提供し，多くのユーザーにサービスを利用させることを通じて膨大な個人情報データや取引記録，企業情報，マーケティング情報などを独占的に収集・取得し，それらのビッグデータを AI 等を使って解析して新たなサービスを提供することで事業を拡大してきた．プラットフォーム型のビジネスは，より多くの利用者を集めて，より多くのサービス財を集積し，より多くのサービス提供者を集めることによって，さらにより多くの利用者を引き寄せるといった，ある種の「ネットワーク経済性（ネットワーク効果）」がはたらき，ロックインと呼ばれる寡占化を招く．また，サービスを利用させることで収集した膨大な個人情報の漏えいや不適切な取扱いのリスクが問題となっている．こうした状況の下，個人情報保護の観点から，あるいは競争制限禁止や独占禁止の観点から，大手プラットフォーマーの企業活動に法規制や制限を加える動きが世界的に進んでいる．

　企業における ICT 利用は，歴史的に見ると，適用業務（利用対象となる仕事）と適用範囲（組織）の2つの軸で広がり続けてきた．適用業務の面では，当初は単なる集計や計算業務にのみ使われていたものから，さまざまな現場の業務の効率化へ，さらに，バックオフィスの効率化，プロセスの最適化，コミュニケーションや社外連携の最適化へと広がってきた．実際，オフィスや工場など労働の現場を見ても，システム開発や通信サービスといったような直接，ICT にかかわる業務に従事していない場合であっても，ICT 機

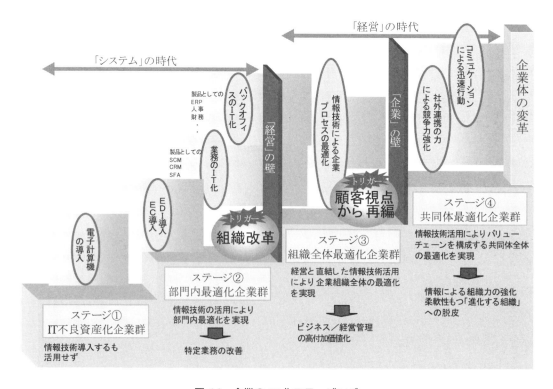

図 6.2　企業の IT 化ステージング
（出典：経済産業省「企業の IT 化ステージング」2003 年 10 月．）

器や情報システムをまったく使用しないで業務を行っている人を見つけることはもはや困難な状況にある.

　また, 適用範囲（組織）の面では, 当初は一部門のさらに特定の従事者を対象にしていたものが, 部門全体, 企業全体へと広がり, さらに企業の壁を越え, 業種や業態の壁さえも越えた利用へと広がっている. これからは, 個別企業の枠をますます超えて社外との連携を強め, さまざまな企業が情報で結ばれた「共同体」としての最適化, 競争力強化をめざす ICT 活用が増加するであろう.（図 6.2）

第 4 節　社会における情報システムと企業

1.　社会の公器としての企業情報システム

　2020 年 10 月 1 日, 東京証券取引所の株式売買システム「arrowhead」で障害が発生し, 東証は全銘柄の売買を終日停止（同じシステムを利用している名古屋・札幌・福岡の各証券取引所も売買停止）する事態に陥った. 東証では平均すると 1 日に約 3 兆円の取引が行われており, この売買機会が 1 日で失われたことになる. 東証は国内株式売買の 9 割を占め, 経済を動かすための直接金融による資金調達に支障が生じ, 日本の金融市場の根幹を揺るがす問題となった. とくに海外の機関投資家からは東証ならびに日本の資本市場に対する信頼性を疑問視する声が上がり, 投資マネーが日本を忌避する動きになるのではないかと危惧された. 東証はそれまでにも過去に大規模なシステム障害を何度か起こしている. 2005 年 11 月 1 日にもシステム障害が発生して午前中（3 時間）の株式売買がすべて停止し, 当時の金融担当大臣が「極めて遺憾」との声明を出した.

　一企業の情報システムの障害が経済全体に影響を与えたのは東証だけではない. みずほ FG 傘下のみずほ銀行は過去 2 度も大規模なシステム障害を起こして社会問題化した. みずほ銀行は 2002 年 4 月 1 日に第一勧業銀行, 日本興業銀行, 富士銀行が合併して口座数・預金量で世界最大規模のメガバンクとして誕生したが, その合併初日にシステム障害が発生した. ATM の機能停止や指定金融機関としていた東京都や東京電力などの公共料金引き落としを含む 250 万件以上の自動決済が行われない一方で, 3 万件を超える二重引き落としが発生し, 2 週間以上にわたって混乱が続き大きな問題となった. さらに, 2011 年 3 月 11 日に発生した東日本大震災の混乱がまだ続いていた 3 月 14 日, みずほ銀行の情報システムで障害が発生, 翌 15 日以降, ATM（現金自動預払機）の利用とインターネット取引, 振り込み処理などができなくなるトラブルが全店舗に拡大, 約 10 日間にわたり 116 万件・8300 億円を超える振込処理の遅延, 誤振込, 二重送金, 振込もれなどが続き, 企業の資金決済や一般の利用者に多大な迷惑と影響[23]を与えた. このことは単にみずほ銀行の利用者への影響にとどまらず,「日本のメガバンクは有事に役立たない」という脆弱な印象を国際的にもたらした. 邦銀に入金する海外企業が預金データの消失などに不信感を募らせ, 資金を引き揚げる事態につながりかねないとの懸念まで招来し, 日本の銀行システム, 金融システム全体の信頼性を毀損させたのである. 経済社会における金融システムは, 信用仲介機能の充実と決済システムの円滑な運用という両者があいまってはじめて安定するのであり, それは各金融機関がその基本的役割である信用仲介と決済を正常に行うことが前提とされる. それゆえ, 金融機関におけるシステム障害は, 社会

---

[23]　一例として 60 万件を超える給与が振り込まれないという事態が見られた.

的・経済的にも大きな影響を与えるのである.

　社会的に影響を及ぼす問題が発生するのは，金融システムに限らない．過去には，日本電信電話公社（現 NTT）の通信ケーブルの火災で多くの金融機関，病院，公的機関などに影響が出た[24]し，2019 年 8 月にはアマゾン・ドットコムが提供しているクラウドサービス（AWS）に大規模障害が発生し，多数の企業の事業に支障が出た．現代の情報システムはネットワークを介してグローバル化，ボーダレス化も促進している．そのため，システム障害の影響もまた，国境を越えて発生するのである．

　このことは，セキュリティ障害についても同様である．2001 年 1 月，高度情報通信ネットワーク社会形成基本法，通称：IT 基本法といわれる法律が施行された．この法律は，インターネットを中心としたネットワーク社会の形成をめざし官民挙げて必要な施策を展開するための方針・枠組み・組織などについて 4 章 35 条にわたって定めており，その第 22 条[25]では ICT の安全性の確保が示されている．この基本法の制定と相前後して様々なネットワークセキュリティに関する法制が整備されてきたが，その一方で，情報システムに関わる新たな脅威が次々と現れ，さまざまな被害をもたらしている．いったん，システムで障害や事故が発生すれば，自社のみならず，インフラや社会・経済全体に被害や影響を及ぼす恐れがある．ネットワークを介した情報システムは，個人の生活や安全を支える社会・経済・国民生活のライフラインとしてますます利用されていくことが予想され，それに合わせたセキュリティが社会的なシステムとして担保されなければならない．

　このように見てくると，企業の情報システムはもはや一企業のものではなく，社会の公器として安全に，信頼性高いものとして構築，運用することがますます重要になる．企業がそうした意識を持って行動することは環境問題等と同様に社会的責任であり，それを全うすることによって企業価値も向上する．

2. 情報化と労働の変化

　2019 年末から発生した新型コロナウィルスによる社会的影響，いわゆる「コロナ禍」で，オフィスに出勤せずに在宅等で仕事を行う，いわゆる「テレワーク（Telework）」が注目を集めた．しかし，コロナ禍以前から ICT の発展と普及は労働面にもさまざまな変化をもたらしてきた．そのひとつは，単純作業が ICT によって置き換えられるとともに，高度なスキルの需要が増える傾向にあるということ．さらにこの傾向は AI やロボットの発展と実用化によっていっそう拍車がかかり，これまでは人間でなければできないと考えられてきた仕事や職種にも広がりつつある[26]．その一方で，データ解析や情報セキュリティなど高度の専門的知識や技能を有する技術者・専門家の需要が増大している．

　二つ目は，組織の枠を超えた共同作業の増大で，ネットワーク化の進展により，多数の人が同時に高品質の情報を共有することが可能になり，ある共通課題に特定の企業の枠を超えて多くの人々が共同で取り

---

[24] 1984 年 11 月 16 日に東京都世田谷区で発生した世田谷局ケーブル火災事故.

[25] 第 22 条（高度情報通信ネットワークの安全性の確保等）「高度情報通信ネットワーク社会の形成に関する施策の策定に当たっては，高度情報通信ネットワークの安全性及び信頼性の確保，個人情報の保護その他国民が高度情報通信ネットワークを安心して利用することができるようにするために必要な措置が講じられなければならない.」

[26] 2013 年，オックスフォード大学の C. B. Frey と M. A. Osborne は「米国において 10〜20 年内に労働人口の 47%が機械に代替可能である」との試算を発表し話題となった．"The Future of Employment: How Susceptible are jobs to computerization?" Oxford Martin School, 2013

組むことができるようになった．（例：ヴァーチャル・カンパニー）

　三つ目は，テレワークに代表されるような場所と時間にとらわれない働きかたである．テレワークの概念それ自体は 1970 年代初めに米国で提起されたが，通信回線の制約や作業そのもののデジタル化が進んでいなかったこともあって，限られた職種・企業でしか導入が進まなかった．日本で現在見られるようなテレワークが行われるようになったのは，1984 年に当時の日本電信電話公社が実用化試験を行っていた INS（Information Network System）を用いて NEC が育児などの女性のためにサテライトオフィスを設置したことを嚆矢とするとみられるが，これは 3 年程度の実験で終わっている．その後，1988 年頃からいわゆる「バブル景気」によるオフィス賃料の上昇と地価の急騰によってより郊外へと家を求めざるを得なくなったことで，通勤軽減の立場から郊外型オフィスやリゾートオフィスの実験が行われたが，バブルの崩壊とともに下火となっていった．1990 年，当時の通産省が分散型オフィス推進委員会を設置し，翌 1991 年には官民共同で日本サテライトオフィス協会（2000 年に日本テレワーク協会に名称変更）が設立され，地方や身障者の雇用機会創出を目的としたサテライトオフィスなどが模索された．

　この頃から，社外でモバイル PC を利用した働き方や自宅や自宅に近いレンタルスペースなどで ICT を利用して起業する SOHO（Small Office Home Office）が見られるようになる．政府は 2003 年に策定した e-Japan 戦略 II で 2010 年に日本の労働人口の 2 割をテレワーカーにする目標をかかげた[27]．また，2001 年 9 月に米国で発生した同時多発テロや 2009 年の新型インフルエンザ，2011 年 3 月の東日本大震災などは BCP（Business Continuity Plan：事業継続計画）の点からもテレワークへの対応を迫るものとなった．ICT も高速大容量の無線回線とスマートフォンなどのデバイスが普及しテレワークの技術的基盤が整備されていった．2016 年秋に始まったいわゆる「働き方改革」では「柔軟な働き方」としてテレワークの推進を掲げており，少子高齢化に伴う育児・介護対策としてのワークライフバランス（仕事と生活の調和）向上の必要性もあって在京の大企業を中心に在宅勤務を制度化する動きが進んできた．そのような状況を受けてのコロナ禍でのテレワークとなった[28]が，これが一時の緊急避難的なもので終わるのか，これを契機として「新しい日常」として定着していくのかが問われている．テレワークはワークライフバランスを図りつつ，生産性の向上や少子高齢化，障がい者の社会参加，環境負荷軽減といった様々な課題解決にも資するものとして期待されているが，その一方で，テレワークによる労働には，① 勤務時間の適切な管理や評価が困難（長時間労働になりやすい，仕事と仕事以外の時間の区別がつきにくい），② 情報セキュリティの確保が必要，③ 労働関係などさまざまな法制度の整備が必要，といった課題が残っていることも指摘されている[29]．

---

[27] テレワーク推進に関する関係省庁連絡会議決定，2007 年 5 月．
[28] 国土交通省の 2017 年調査によると，雇用型テレワーカーの割合は 14.8%となっている．（国土交通省都市局「平成 29 年度テレワーク人口実態調査」（2018 年 3 月））総務省の「通信利用動向調査」でも，企業のテレワーク導入率は 13.9%（2017 年）となっている．パーソル総合研究所が「10 人以上の企業で正社員として働く，全国の 20〜59 歳の男女」を対象に実施した 2020 年 3 月の調査によると，テレワーク導入率は全国平均で 13.2%であったが，4 月の再調査では 27.9%に上昇した．特にオフィスが集中している東京都では，3 月：23.1%→ 4 月：49.1%と急増した．
[29] テレワークの問題点については佐藤彰男『テレワークー「未来型労働」の現実』（岩波書店，2008 年）に詳しい．

第 5 節　本章のまとめ

　本章では，まず，現代社会の情報化を俯瞰したうえで，その歴史的な意味について論じた．次に，企業における情報化の進展について情報システム概念の変遷を通じて概観した．最後に，企業の情報システムが持つ社会的役割と情報化による労働の変化について述べた．今後，企業は経営においてこれまで以上にICT と組織活動とを相互作用させていく必要があり，企業－情報・ICT－経済・社会の関係もまた密接なものとなっていくであろう．

参考文献

- 総務省編『情報通信白書』（各年版）.
- 情報サービス産業協会編『情報サービス産業白書』（各年版）.
- 遠山曉・村田潔・岸眞理子『経営情報論（新版補訂）』有斐閣，2015 年.
- 木嶋恭一・岸眞理子（編著）『経営情報学入門』放送大学教育振興会，2019 年.

さらに深く学ぶために参考となる Web サイト	
(1)　総務省　情報通信（ICT 政策）	https://www.soumu.go.jp/menu_seisaku/ictseisaku/index.html
(2)　総務省　情報通信白書	https://www.soumu.go.jp/johotsusintokei/whitepaper/index.html
(3)　経済産業省 情報化・情報産業	https://www.meti.go.jp/policy/mono_info_service/joho/index.html
(4)　（独）情報処理推進機構	https://www.ipa.go.jp/
(5)　首相官邸・高度情報通信ネットワーク社会推進戦略本部（IT 総合戦略本部）	
	https://www.kantei.go.jp/jp/singi/it2/index.html
(6)　（一社）経営情報学会	http://www.jasmin.jp/
(7)　日経 XTECH（クロステック）IT	https://xtech.nikkei.com/top/it/

（閲覧日はいずれも 2020 年 12 月 10 日）

第7章

マーケティングのエッセンスをつかむ

本章の概要

　本章ではマーケティングの基本，およびこれだけは知って欲しいトピックスをピックアップして紹介する．具体的には，マーケティングの定義と基本的な考え方，マーケティング・ミックス，STP，顧客満足・顧客価値，マーケティングの 4P である．マーケティングは現在のビジネスにおいて最も重要な課題の一つであるため，本章を通じてマーケティングに対するイメージをしっかりと持っていただきたい．

第 1 節　はじめに

　コンビニエンスストアでペットボトルの緑茶を買うとしよう．コンビニの店頭には，いろいろなメーカーから発売されているペットボトルの緑茶が並んでいる．一社が複数の銘柄（ブランド）の緑茶を発売している場合もある．あなたは店頭に並んでいるいろいろな種類の緑茶から一つ選んで購入するはずだ．このこと自体は普通の買い物の場面で，「なぜこんな話を持ち出すのか？」と思うだろう．

　だがここで読者に聞きたいことがある．あなたはなぜ，いろいろな種類の緑茶からあるメーカー（仮にA 社とする）の緑茶を選んだのだろうか．なぜ他のメーカー（B 社）の商品を選ばなかったのだろうか．おそらくほとんどの人は，「何となく」とか「そんなこと聞かれても困る」と思うだろう．あるいは「いつも買っているから」「パッケージ・デザインが気に入ったから」「新製品で目についたから」「たまたま特売で値引きしていたから」などと答えるかもしれない．特にスーパーやコンビニで買い物をする場合，一つひとつの商品をなぜ選んだのかについてそれほど深くは考えないことが多い[1]．

　ここまでは買い手，すなわち消費者の視点で話をしてきたが，同じ話を今度は売り手，つまり企業側の視点で考えてみよう．A 社は自社が発売しているペットボトルの緑茶をできるだけたくさん売りたい．ペットボトルの緑茶は単価が安く，1 個あたりの利益があまり高くないため，利益を稼ぐためにはできるだけたくさん売る必要があるからだ．しかし一方で，B 社をはじめ，ペットボトルの緑茶を発売しているメーカーは何社もある．しかも困ったことに，品質の差はほとんどないし，消費者から見てもメーカーによる「違い」はあまり感じないだろう．そこでメーカーは何をするのかというと，消費者の目に留まるよ

---

[1] もちろん，購入するにあたって多くの情報を集め，深く考える商品もある．自動車やパソコンといった高価格の商品に多く見られる傾向である．つまり「買い物」にはいろいろなパターンがあるということだ．

うなパッケージ・デザインにしたり，特定産地（静岡，宇治，八女など）の茶葉しか使用していないことをアピールしたり，テレビ CM を盛んに放映するなど，さまざまなやり方で消費者の目に留まらせ，興味を持ってもらい，購入してもらおうとする．あるいは店頭でお客さん（顧客）が手に取りやすい位置や，顧客の目に付きやすい場所に置いてもらうよう，お店（小売業者）に働きかける．このような企業努力の結果，あなたは「何となく」あるメーカーの緑茶を手に取り，購入するのである．こうした自社の製品を買ってくれるために企業が行う活動を「マーケティング」という．

　マーケティングは企業における重要な活動の一つである．特に多くの製品がコモディティ化[2]している現在において，マーケティングが果たす役割はますます大きくなっている．そこで本章では，マーケティングの基本について解説する．まずはマーケティングの定義および基本的な考え方から見ていこう．

第2節　マーケティングの定義と基本的な考え方

1.　マーケティングの定義

　マーケティングの定義にはさまざまなものがあり，定まった一つの定義は存在しない．また，マーケティングの定義は時代に応じて変化している[3]．そのためもあってか，テキストブックによっては定義を示さない場合もある．しかし何らかの定義づけを行った方が，理解の促進につながると思われる．そこで本章では，アメリカの著名なマーケティング研究者であるフィリップ・コトラーによる定義を紹介し，そのうえでマーケティングの基本的な考え方について解説する．

　コトラーはマーケティングを以下のように定義している．

> 　マーケティングとは，個人やグループが製品や価値をつくり出し，それを他者と交換することによって必要としているものや欲しいものを獲得するという社会的かつ経営的なプロセスである（Kotler, 2001）[4].

　この定義には主に二つのポイントがある．第一に，マーケティングを行うのは企業だけではないということである．例えば現在，多くの大学ではガイドブックを作成して配布したり，オープンキャンパスといったイベントを催したりしているが，こうしたことは受験生を多く集めるために行うマーケティング活動であると考えることができる．また政治家が集票のために行う活動も，広く捉えればマーケティング活動とみなすことができる．こうしたマーケティングの概念を営利企業のみならず非営利組織や個人にも適用すべきだという考え方は，1960 年代末から徐々に広がっていった．

---

[2] コモディティ化とは「どのブランドを取り上げても基本的な品質において大きな違いが存在しなくなる傾向」のことである．コモディティが進んだ製品では価格が購入の決め手となる．したがって，一般にコモディティ化が進むと価格競争が発生する．しかし価格競争は利益を圧迫するため，できるだけ回避したい．そこで「ブランド」によって他社との差別化を図ろうとする．現在，多くの製品においてコモディティ化が進行している．食料品や日用品はもちろん，パソコンといった専門品においてもコモディティ化が進んでいるといわれることもある．

[3] 米国マーケティング協会はマーケティングの定義をたびたび改訂している．最新のものは 2007 年に発表されているが，その前は 2004 年，1985 年，1960 年，1948 年に発表されている．過去の定義を時系列で見てもらうと，マーケティングの移り変わりが理解できるだろう．

[4] Kotler, Philip and Gary Armstrong (2001), *Principles of Marketing*, 9th edition, New York: Prentice Hall.（和田充夫監訳『マーケティング原理』ダイヤモンド社，2003 年．）引用箇所は邦訳（10 ページ）による．

　第二に，マーケティングは「製品や価値をつくり出しそれを他者と交換する」活動だということである．企業がマーケティングによって生み出しているものはかたちのある製品，すなわち有形製品だけではない．例えば銀行は金融というサービスを生み出し，テーマパークはエンタテインメントというサービスを生み出している．製品は一般に「かたちのあるモノ」を指す言葉であるが，サービス業が提供する各種サービスはかたちがない．しかし企業が生み出す価値であり，他者と交換されるものとみなすことができる．また先に述べた通り，マーケティングを行うのは営利企業のみではないため，非営利組織が生み出すものもマーケティングで生み出されるものであると考えることができる．例えば医療機関が提供する医療サービスもマーケティングが生み出すものということである．「他者との交換」についてはいろいろな方法があるが，基本的には売買によって価値を交換することになる．

　このように，マーケティングは営利企業にのみ適用する概念ではなく，非営利組織や個人にも適用されている．しかしマーケティングの適用範囲をあまりにも広げることにはもちろん批判もある．また，とりわけ初学者は，はじめのうちから適用範囲を広げてしまうと，かえって理解の促進を妨げることにもなる．したがってここから先は，営利企業が行うビジネス活動としてのマーケティングに絞って話を進めていくことにしよう．

2.　マーケティングは「売れ続ける仕組み」をつくること

　「ヒット商品[5]や流行はなぜ生まれるのか」ということを考えたことはあるだろうか．巷では毎年のようにヒット商品が生まれている．日本経済新聞社は毎年，ヒット商品を相撲の番付に見立ててランク付けし「ヒット商品番付」として発表しているが，過去には任天堂ゲーム機（「スイッチ」など），ポケモン GO，セブンカフェなどがヒット商品番付の横綱としてラインクインしている[6]．いったい，このようなヒット商品はなぜ生まれるのだろうか．

　ヒット商品の話はいったん置いて，企業のビジネス活動に話を戻そう．企業は自社の商品に興味を持ってもらって，さらには購入してもらうために日々努力している．例えば「どのようなデザインにしたら良いのだろうか」とか，「価格をいくらにしたら買ってもらえるのだろうか」とか，「どのように宣伝したら良い印象をもってもらえるのだろうか」などである．つまり企業は，自社製品が自ら売れる仕組みをつくり出そうと日々努力している．さらには単に「売れる」だけでなく「売れ続ける」仕組みを作ろうとしている．この「売れ続ける仕組みをつくること」が実はマーケティングなのである．

　したがって，マーケティングをひと言で表すと「売れ続ける仕組みをつくること」になる．マーケティングをひと言で表すとどうなるかについては，これもまたいろいろな意見があるが，マーケティングを

---

[5]「ヒット製品」よりも「ヒット商品」という言い方の方がしっくりくるため，ここでは “製品” ではなく “商品” という言葉を用いている．製品と商品は似ている言葉で実際には混同されて使われることが多いが，厳密には意味が異なる．これもまた人によって意味づけはいろいろだが，簡単に言うと製品は「つくられた品」で商品は「売買の対象となった品」と理解すればいいだろう．

[6] 日本経済新聞社はヒット商品番付を年 2 回（6 月と 12 月）発表しているが，6 月に発表されるのはその年の上半期のもの，12 月に発表されるのは 1 年間のものである．ヒット商品番付の詳細は『日経 MJ（日経流通新聞）』に掲載されるので，興味のある人は見てみると良いだろう．ところで近年，有形製品ではないものがヒット商品番付の上位にランク付けされるケースが増加している．例えば 2019 年は「ラグビー W 杯」，2018 年は「安室奈美恵」がそれぞれヒット商品番付の横綱にランクインしている．これは，消費傾向の変化によるものだと考えられる．ヒット商品番付は消費のあり方を写す鏡でもあるのだ．

「売れ続ける仕組みづくり」と考える人は多い.

　マーケティングが「売れ続ける仕組みづくり」だとすると, ヒット商品はマーケティングの最大の成果と考えることができる. ヒット商品は偶然生まれると考える人は少なくない. しかしヒット商品や流行がなぜ生まれたのかをたどっていくと, 企業もしくは仕掛け人の努力や工夫が見て取れる. すなわち「ヒット商品には論理がある」ということである. もちろん, ヒット商品は偶然生まれることもある. しかし多くの場合, ヒット商品の背後には仕掛けた側の絶えざる努力がある.

　このように, マーケティングは「売れ続ける仕組みづくり」であると捉えることができるが, ここで一つ注意をしておきたい. マーケティングは「売れ続ける仕組みをつくる」ことであって, 決して「売り込む」ことではないということだ.「売る」ということを目的とする場合, しばしば無計画に広告宣伝を行ったり, 販売員や営業を使って買ってくれるよう顧客へ積極的に働きかけたり, 時には無理な値引きにも応じる. しかしマーケティングは決してそうではない. 売れ続ける仕組みをしっかりと作れば, 無理な売り込みを行わなくても顧客が自社製品を選んでくれるということだ. アメリカの著名な経営学者であるピーター・ドラッカーは「マーケティングはセリングを不要にすること」と指摘し, さらに「顧客を知りつくし, 理解しつくして, 製品やサービスが顧客にぴったりと合うものになり, ひとりでに売れるようにすることである」と述べている. ドラッカーのこの言葉は, マーケティングの本質を語っている[7].

　ここまで述べてきたように, マーケティングは「売れ続ける仕組みをつくること」というシンプルな言葉で表現できる. しかし実際には,「売れ続ける仕組み」は複雑であり, つくることは容易ではない. それゆえ, どの企業もマーケティングの問題に頭を悩ませているのである.

3.　マーケティングの 4P とマーケティング・ミックス

　マーケティングは「マーケティング」という単一の活動ではなく, いろいろな活動を組み合わせて「マーケティング」というビジネス活動が成り立っている. マーケティングを構成する主要な要素は, 製品（Product）, 価格（Price）, 流通（Place）, プロモーション（Promotion）の四つであり, それぞれについての意思決定がマーケティングにおける最も基本的な活動となる. この四つはいずれも頭文字が "P" であることから「マーケティングの 4P」と呼ばれている. 4P それぞれについては後で詳しく説明するので, ここでは割愛する.

　マーケティングの 4P は適切に組み合わせなければならない. 例えばデジタルカメラは家電量販店などで販売されているのが普通であるが, 近所のタバコ屋で売っていれば不自然に思うだろう. またラグジュアリー・ブランドの多くはテレビ CM を行っていないが, それはなぜなのだろうか. これらはいずれもマーケティング 4P の組み合わせに関する問題である. つまり, 自社製品のイメージ合わない流通チャネルを用いたり, 価格設定がなされたり, プロモーション手段が用いられたりしてはいけないということだ. もちろん, ブランドが持つイメージとマーケティング 4P との組み合わせも重要である. こうしたマーケ

---

[7] Drucker, Peter F. (1973), *Management: Tasks, Responsibilities, Practices*, New York: Harper Perennial, p.64. ドラッカーの『マネジメント』は著名な経営書であり, 邦訳も出版されている. ただし邦訳の完全版は大著であるため,『マネジメント』概要をつかみたいのであれば, 完全版ではなくエッセンシャル版を読むと良いだろう.

ティング 4P の適切な組み合わせをマーケティング・ミックスという．マーケティング・ミックスでは，自社製品がターゲットとする顧客のニーズに適合することも重要である．

第 3 節　セグメンテーション，ターゲティング，ポジショニング（STP）————————●

　前節ではマーケティングの基本的な考え方について説明したが，マーケティングの 4P はただやみくもに組み合わせればいいというわけではない．マーケティングの対象は消費者であり，消費者の集合体としての市場である．まずは市場について理解しなければならない．そのために行うのが顧客満足や顧客価値の分析，あるいは消費者行動分析であるが，これらについては次節で触れることにして，本節ではマーケティングの STP について説明する．STP はセグメンテーション（Segmentation），ターゲティング（Targeting），ポジショニング（Positioning）の頭文字をとったものである．

1.　マーケット・セグメンテーション（市場細分化）

　例えばファッション誌で考えてみよう．ファッション誌には男性向けのものもあれば女性向けのものもあるし，女性向けのものであっても異なる年齢層ごとにファッション誌が用意されている．また同年代，例えば 20 歳代前半の女性向けファッション誌にもたくさんの種類がある．なぜかというと，同じ性別で同じ年齢層であっても，ファッションの嗜好には違いがあるからだ．ファッションの好みには個人差があり，まったく同じファッションの好みをもつ人は二人といないが，何らかの基準で共通点を探していくと，ファッションという一つの市場をいくつかのグループに分けることができる．他の製品についても同様である．こうした「市場を同一のニーズや特徴を持つグループに分けること」をマーケット・セグメンテーション（もしくは市場細分化，単に「セグメンテーション」と呼ぶ場合もある）という．

　セグメンテーションを行う際に問題となるのはどのような切り口を用いてセグメンテーションを行うかということである．セグメンテーションを行うための切り口をセグメンテーション変数，もしくは細分化変数という．セグメンテーション変数には，大きく分けて地理的変数，人口統計的（デモグラフィック）変数，サイコグラフィック変数，行動上の変数の四つがある．それぞれについては表 7.1 にまとめた[8]．

　例えば先ほど挙げたファッション誌は，性別や年齢の場合は人口統計的変数によるセグメンテーション

表 7.1　細分化変数

地理的変数	気候，人口規模，人口密度，行政単位など
デモグラフィック（人口統計的）変数	年齢，性別，所得，学歴，職業，国籍など
サイコグラフィック（心理的）変数	ライフスタイル，パーソナリティなど
行動上の変数	使用目的，使用頻度，使用量，使用機会など

---

[8] セグメンテーションではもう一つ，「どうやってセグメンテーションを行うのか」が問題になる．これについても色々な手法が開発されているが，よく知られているのは多変量解析の一つであるクラスター分析を用いた手法である．このあたりの話はマーケティング・サイエンスの分野で議論されているので，関心がある人はマーケティング・サイエンスの本を読むと良いだろう．

であるし，ファッションに対する好みであればサイコグラフィック変数を用いてセグメンテーションを行っていることになる．このことから，セグメンテーションを行う際は通常，複数のセグメンテーション変数を組み合わせることが理解できるだろう．他の製品についても当てはまることなので，何でも良いから製品市場を選択し，セグメンテーションを試してもらいたい．もちろん，有形製品ではなくサービス商品であっても構わない．

2.　ターゲティング（標的セグメントの選択）

　セグメンテーションを行ったら今度はどのセグメントを標的とするのか，すなわちターゲティングを行う．ターゲティングとは「細分化された市場を評価してどのセグメントをターゲットとするのかを決めること」である．言い換えると，どのセグメントに対して自社製品を提供するのかを決めるということだ．

　企業にはいろいろある．トヨタ自動車やパナソニックのようにフルラインで製品を作っている企業もあれば，きわめて限られた種類の製品しか作っていない企業もある．これは企業が有する経営資源（ヒト，モノ，カネ，情報）による．大企業であっても経営資源には限りがあるし，中小企業の場合は経営資源に大きな制約がある．そのためセグメントすべてを標的としてマーケティングを行うことが難しい場合が出てくる．また，企業にとってはあるセグメントが魅力のない（つまり儲からない）こともある．

　そこで，セグメントのなかから自社が経営資源を投入しマーケティングを行うべきセグメントを絞る必要が出てくる．この作業がターゲティングである．ターゲティングを行う際は，そのセグメントが魅力的であるか，つまり十分儲かるセグメントなのかや，保有している経営資源で対応可能なセグメントなのかなどを分析する必要がある．通常，マーケティング論ではターゲットとするセグメントの数に応じたさまざまなタイプのマーケティングのパターンが提示されており，これについてはいろいろな考え方があるが，ここではセグメントの絞り込みに応じた無差別型マーケティング，差別化型マーケティング，集中型マーケティングという三つのパターンを紹介する．

　無差別型マーケティングは，すべてのセグメントに対して共通したマーケティング・ミックスを用意するマーケティングのアプローチである．つまり各セグメントのニーズや特性の違いに関係なく，すべてのセグメントへ共通した製品やサービスを提供していこうとすることだ．そのためマーケティングのコストを最小限に抑えることができる．一方で，多様化した消費者ニーズに対応できないというデメリットもある．

　差別化型マーケティングは，複数のセグメントを標的にし，それぞれのセグメントに対して異なるマーケティング・ミックスを用意していこうとする考え方である．すなわちターゲットとしたセグメントそれぞれのニーズに応じて製品を作り，各セグメントに受け入れられる価格を設定し，各セグメントに関心を持ってもらえるようなプロモーションを実施し，各セグメントがアクセスしやすい流通チャネルでその製品を販売するということだ．例えばトヨタ自動車は，各セグメントのニーズに合わせて何種類もの自動車を用意しているが，トヨタ自動車の場合は軽自動車から高級車まですべての乗用車，さらには商用車まで製造している．トヨタ自動車のようにすべてのセグメントをターゲットとすることをフルカバレッジという．

　差別化型マーケティングは各セグメントのニーズに適合したマーケティングを展開するため，一見する

と理にかなった方法であるように思われるが，各セグメントへ経営資源を振り分けるため，効率性の面からは不利なやり方である．そのため，経営資源にある程度余裕のある企業でないと差別化型マーケティングは難しい．

　集中型マーケティングは，1つもしくはごく少数のセグメントのみを標的とし，そこに製品やサービスを集中して提供しようという考え方である．専門性の強い製品や高額製品では，集中型マーケティングが行われる傾向が強い．例えば日本のオーディオ機器メーカーであるラックスマンやアキュフェーズは高級機に集中したマーケティングを行っている．集中型マーケティングは特定のセグメントに絞ったうえでマーケティングを展開するため，そのセグメント内の消費者の好みや特性，ニーズを十分に理解できる．そのため顧客からの支持を獲得しやすい．しかし一方で，市場が不振に陥ると，市場とともに企業も没落してしまう可能性がある．また利益をあげているということは他社から見ると魅力のあるセグメントに見えるため，ライバルが参入してくる可能性がある．そのため参入障壁[9]を高めるなどして新規企業の参入を防ぐ必要性が出てくる．

3.　ポジショニング

　ターゲティングを行ったら，次は標的セグメントのなかで自社製品をどのように位置づけてもらうか，認識してもらうかを考える．ポジショニングとは，自社製品を，ターゲット顧客のマインド（心理）内に特有の位置を占めるように設計する行為である．また，ターゲットである顧客に自社製品がどのように魅力的であるかを認知させるための活動であるともいえる．

　電力やガスのような独占市場を除けば，ひとつの業界の中に複数の企業が存在し，各社は独自のブランドを付けた製品やサービスを提供している．消費者が何かを購入する際には多くの場合，複数のブランドを比較していちばん良いと思ったブランドを選択するわけだが，その際，無意識のうちに頭の中で複数の

ブランドをマッピングした上で各ブランドの特徴を捉え，自分のニーズに適合するかどうかを考える．したがってポジショニングは消費者が行うものであるが，企業からの働きかけによって決まることが多いため，企業にとってポジショニングは非常に重要なものとなる．一般には，マーケティング・コミュニケーションにより働きかけを行う．

　ポジショニングは2軸をとってマッピングすることが多い．図7.1は美容室のポジショニング・マップの例である．

　この例では縦軸に利用目的，横軸に価格をとっ

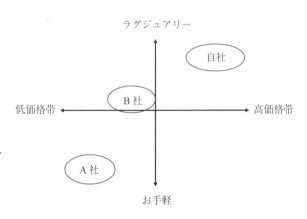

図7.1　美容室のポジショニング（仮想例）

ている．A 社は低価格でお手軽に利用できるものであるのに対して，B 社は中価格帯でラグジュアリーではないもののある程度厚いサービスを提供するというポジショニングになっている．その上で，自社は高価格帯ではあるが最高水準のサービスを提供するというポジショニングをとることにし，その後ポジショニングに従ってメニューや価格を決め，プロモーションを行うのである．

このようにマーケティングを実行する際には，まず STP が不可欠となるが，STP を上手く行うためには消費者を知る必要がある．そのため消費者行動分析が重要となる．また，マーケティングでは顧客価値と顧客満足の概念を理解することも欠かせない．そこで次節では，顧客と消費者について触れることにする．

第4節　顧客価値，顧客満足，消費者行動分析

マーケティングの対象は顧客ないしは消費者である．ところでここまで"顧客"という言葉と"消費者"という言葉を混同させて用いてきた．両者は似たような意味であるが厳密には違う．顧客は「製品・サービスの実質的または見込みの購買者」であり消費者は「商品・サービスを使用し消耗する者」である．したがって自社製品の購買者となるのか否かによって顧客と消費者は識別されるが，特にことわりを入れない限り，以降は文脈に応じて顧客と消費者という言葉を使い分けることにする．

1.　顧客価値と顧客満足

顧客価値は「市場提供物およびその代替品に対して見込み顧客が評価する全ベネフィットと全コストの差」である（Kotler and Keller, 2009）[10]．ここで全ベネフィットとは「特定の市場提供物に対して顧客が期待する経済的，機能的，心理的なベネフィットを総合した金銭的価値」であり，全コストは「特定の市場提供物を評価し，入手し，使用し，廃棄する過程において顧客が見積もったコストを総合したもの」である（Kotler and Keller, 2009）[11]．コストというと製品やサービスを購入するために支払う価格をイメージしやすいが，それだけでなく買い物に行くための交通費や時間，財布から現金を出すことによる心理的負担などもコストに含まれる．また現在，一部の家電製品は家電リサイクル法の規定により廃棄するための費用がかかる．実はこれもコストに含まれる．そういったものをすべて見積もった上でコストを計算して，それと製品・サービスから受け取るベネフィットを比較して，顧客にとっての価値が決まるというのが顧客価値の考え方である．

顧客価値は企業にとってなぜ重要なのか．顧客価値は顧客がある製品やサービスを購入し，消費した上で判断するものであるが，購入前にある程度予測することも可能である．つまり自身にとって価値があるかどうかを予測した上で購入するかどうかを決めるわけであるから，もし自社製品が顧客にとって価値がないと判断された場合，自社製品が選択されることはない．したがって顧客価値をきちんと理解し，顧客

---

[10] Kotler, Philip and Kevin Lane Keller (2009), *Marketing Management*, 13th edition, New Jersey: Pearson Prentice Hall, p.120.

[11] Kotler, Philip and Kevin Lane Keller (2009), *Marketing Management*, 13th edition, New Jersey: Pearson Prentice Hall, p.120. なお，ベネフィットという言葉はマーケティングでよく使われるが，その意味については曖昧なまま使われることが少なくない．英和辞典を引くと「利益」や「恩恵」という意味が出てくるが，差し当たりこのように理解して問題ないだろう．なお，ベネフィットは「便益」という言い方をする場合もある．

が価値を見出すような製品やサービスを提供することは，企業のマーケティング戦略上，重要な課題なのである．

　次に顧客満足に話を移そう．顧客はある製品を買って使う，あるサービスを利用するたびに，それが満足か不満足かを感じる．「別に」って思っていても無意識のうちに満足感，不満足感を感じている．満足したか否かは企業にとって重要な問題である．不満足を感じた顧客が再び自社製品やサービスを購入する可能性は限りなく低いからだ．したがって企業は顧客満足を理解し，顧客からの満足を獲得できるようなマーケティングを行うべきである．

　顧客満足は購買者に知覚された製品もしくはサービスのパフォーマンスが購買者の期待をどの程度満たしているかによって決まる．つまり以下のような式で表すことができる．

$$顧客満足 = 実際のパフォーマンス - 期待$$

　したがって，実際のパフォーマンスが期待を上回っていれば顧客は満足するし，期待よりも実際のパフォーマンスの水準が大きく上回れば大きな満足となる．一方，パフォーマンスが期待を下回れば顧客は不満足を感じる．以上より，顧客満足を理解する上では「期待」を上手く捉えることがポイントになることが分かるだろう．ある製品やサービスを購入してそれを満足するか不満足を感じるかは，購入前に何らかの期待をしているからだ．

　では期待はどのように形成されるのか．期待は過去の購入経験，友人の意見，広告や販売員から得た情報によって形成される．以前にある企業の製品を使用してそれに満足していた場合は期待が高くなるし，友人から良い話を聞いていればこれもまた期待が高くなる．

　実は期待のレベルは，完全ではないが企業が発信する情報によってある程度コントロールすることができる．期待のレベルを高めることは企業にとって重要である．ソニーは 2020 年 11 月にゲーム機「プレイステーション（PS）5」を発売したが，大型家電量販店の予約販売の抽選倍率が 100 倍を超えたという．なぜ予約抽選の倍率が 100 倍を超えたのだろうか．それは，新製品に対する顧客の期待がそれだけ高いからである．つまり，期待のレベルを高めればそれだけ顧客を呼ぶことができるということである．逆に期待のレベルがある程度高くないと顧客を呼ぶことはできない．もちろん，企業は顧客の期待を高める前に発売前からプロモーションを行っている．

　このように期待のレベルを高めることは顧客を呼ぶという意味で大切なのだが，実は落とし穴がある．それは顧客の期待が高ければ高いほど，高いレベルのパフォーマンスを要求されるということである．そうしないと，顧客は満足しない．したがって，顧客を呼ぶことができ，かつ自社が提供できるパフォーマンスのレベルを上回らない程度に期待のレベルを高めることが求められる．

　同様に，顧客満足にも落とし穴がある．ある製品やサービスを購入して満足すると，その顧客が再び同じ製品やサービスを購入する際には，前回の満足がそのまま期待になる．つまり，前回満足した顧客から再び満足を獲得するためには，前回以上のパフォーマンスが求められるということである．しかし，パフォーマンスのレベルを高めるためには高品質化，従業員のトレーニング，より高いスキルを持った人材の獲得などが必要であり，いずれもコストを伴う．つまり，顧客満足の最大化を突き詰めていくと企業と

しての利益を損いかねないということだ．そこで利益を損なわない程度に顧客満足を獲得するということが必要になる．

2.　消費者行動分析

　企業がマーケティングを効果的に実行するためには，消費者行動を分析することが必要不可欠である．消費者行動分析を的確に行わないと消費者ニーズにマッチした製品を作ることはできないし，広告を打っても効果がない．消費者分析をきちんと行わないがために失敗した商品の例は数多く見られる．そこで消費者行動分析について簡単に解説するが，「消費者行動論」の分野で扱うトピックスは数多く，消費者行動のみで 4 単位ぶんの授業が成立してしまうほどである．そこで本項では，マーケティング論において消費者行動がどのように捉えられてきたのかのみ紹介する．

　消費者行動分析の対象は顕在化した行動だけでなく，行動の背後にある心理的なプロセスも分析対象となる．そのため目に見えない消費者心理をどのように捉えるのかについていろいろな研究が行われてきた．比較的初期のアプローチとして刺激ー反応型のアプローチがある．これは広告といった企業が発信するメッセージ，さらにはクチコミといった社会環境から得られる情報を「刺激」と捉え，消費者が刺激を受けてから反応を示すまでにどのようなプロセスをたどるのかを探求したアプローチである．代表的なモデルにハワード＝シェス・モデルがある．簡略版を図 7.2 に示す．

　このモデルでは，外部から刺激を受けた消費者が知覚構成体と学習構成体を経て態度形成し，購入などのかたちで反応を示すという一連のプロセスが描かれている．

　刺激ー反応型アプローチの後に登場したものとして情報処理アプローチがある．刺激ー反応型のアプローチは刺激を受けそれに対して反応するという受動的な消費者を仮定しているが，消費者は必ずしもそうではなく，自ら問題意識を持って能動的に行動する場合も多い．すなわち情報処理アプローチは「消費者が自ら認識した問題を解決するため，積極

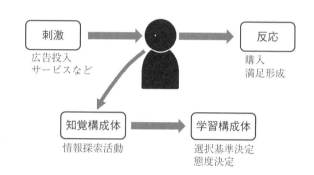

図 7.2　ハワード＝シェス・モデル
（出典：田中洋・清水聰編（2006）『消費者・コミュニケーション戦略　現代のマーケティング④』有斐閣，p.4 を一部修正．）

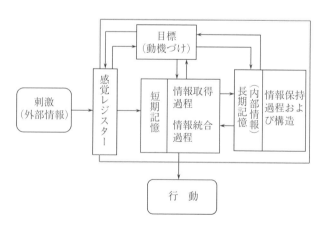

図 7.3　消費者情報処理モデルの基本構図
（出典：和田允夫・恩藏直人・三浦俊彦（2016）『マーケティング戦略　第 5 版』有斐閣，p.111.）

的に情報を収集して処理し，問題解決の手段となる製品さらにはブランドを購入して消費し，さらには消費経験が知識として蓄積され，次の消費行動にフィードバックされるという，一連のプロセスを捉えたアプローチ」である．図 7.3 において情報処理アプローチの基本構図を示す．

このモデルによると，消費者は感覚レジスターを通してさまざまな情報を取得し，それら外部情報と，長期記憶内に貯えていた内部情報を短期記憶内で統合し，その結果をもとに購買行動を起こす．このプロセスの結果，新たに得た情報は長期記憶内に保持される．なお，これらプロセスには消費者が持っている目標や動機づけが影響する．この点が刺激－反応型アプローチとの違いである．

ここまでマーケティングの全体像を捉えるためにマーケティングの定義，STP，顧客と消費者について述べてきた．次節以降では，マーケティングの 4P について説明する．

第 5 節　製品戦略

1.　製品開発

製品戦略では主に製品開発と製品管理が議論の対象となる．製品開発では主に新製品開発プロセスが取り上げられる．新製品開発プロセスはもちろん企業によって異なるが，一般的には ① アイデアの創造，② スクリーニング，③ 事業性の分析，④ プロトタイプの開発，⑤ テスト・マーケティング，⑥ 市場導入という，六つのプロセスをたどるという．

「① アイデアの創造」では，新製品のためのアイデアが収集・創造され，「② スクリーニング」では収集されたアイデアをふるいにかけて良いアイデアのみを残す．アイデアの源泉は社内（トップマネジメント，研究開発部門，販売部員，製造部員，顧客の要望・苦情など）と社外（消費者，取引先企業，ライバル企業の製品など）がある．「③ 事業性の分析」では，スクリーニングで残したアイデアで製品を発売することにより利益が得られるのかが分析される．その上で「④ プロトタイプの開発[12]」を行い，「⑤ テスト・マーケティング」を行った上ではじめて「⑥ 市場導入」されるのである．

多くの市場が成熟化している現在，新製品が成功するのは容易ではないため，新製品開発は慎重かつスピーディに進めなければならない．

2.　製品管理

製品開発と並んで重要なのは製品管理である．製品管理は主に三つの意思決定レベルで行われる．

一つ目は個別ブランド・レベルでの意思決定であり，各ブランドで用意されているアイテムのあり様を維持するのか，それとも変更するのかが主な意思決定となる．例えば各アイテムのパッケージ・デザイン，価格，販売経路，成分などを現状のまま維持するのか変更するのかについて決定する．これらの意思決定は通常，ブランド・マネジャーあるいはそれに相当する立場の管理者によって行われる．

二つ目は製品ライン・レベルでの意思決定であり，ある製品カテゴリーにおいて新しいブランドを追加

---

[12] プロトタイプは試作品のことであるが，単なる試作品ではなく実際に販売できる状態にまで高められたものである．もちろん，プロトタイプになるまで何回も試作品を作り直す．

したり既存のブランドを削除したりといったことが決められる．製品ラインは「機能，対象とする顧客，販売経路などが似通っている製品のグループ」であり，デジタルカメラであれば同じようなサイズ，機能で一つの製品ラインを形成している．何がどのレベルにあたるかの解釈は実際にはかなり微妙であるが，例えばユニクロがレギンスパンツを新たに発売することなどが製品ライン・レベルでの意思決定と考えられる．製品ライン・レベルでの意思決定は，事業部を統括する管理者によって行われることが多い．

　三つ目は製品ライン全体レベルでの意思決定であり，新しい製品ラインの追加や既存製品ラインの削除，経営資源を集中投入する製品ラインの決定などが含まれる．仮にある飲料メーカーが缶コーヒーを一つの製品ラインと考えているのであれば，缶コーヒーの生産終了は製品ライン全体レベルでの意思決定と考えることができる．製品ライン全体レベルでの意思決定は企業全体の成長性や収益性を左右する．そのため経営トップによって意思決定がなされることが多い．

第 6 節　ブランド戦略

　ブランド戦略は，かつては製品戦略のなかで議論されることが多かった．ブランドは基本的には製品に付けられるものだからである．しかし現在，ブランドは製品と切り離されて議論されている．このことは企業にとってブランドの重要性が高いことを物語っている．

1.　マーケティング論では「ブランド」をどう捉えているのか

　「ブランド」という場合，一般的にはラグジュアリー・ブランドがイメージされやすい．しかしマーケティング論におけるブランドの捉え方は一般的なそれとは違う．米国マーケティング協会はブランドを「ある売り手の財やサービスを他の売り手のそれと異なるものと識別するための名前，用語，デザイン，シンボル，およびその他の特徴」と定義している．この定義から，ブランドは自社製品を他社が提供している同類の製品とは異なるということを消費者に認識させるために付けられるものであることが分かる．例えばコカ・コーラというブランドは，コカ・コーラ社が製造・販売しているコーラに付けられるブランドであり，他社（ペプシなど）のコーラとは違うことをアピールする役割を果たす．ブランドはネーム，ロゴ，スローガン，キャラクター，ジングル（そのブランドに特徴的な音楽）から成り立っており，これらをブランド要素という．

2.　ブランドの導入

　ブランド戦略で問題となるのは「ブランドの導入」と「ブランド・ネームの決定」である．この項ではブランドの導入について説明するが，ブランドの導入はブランドの基本方針に関わる意思決定であり，基本戦略とも呼ばれている．一般に，ブランドの導入は「対象とする市場が既存なのか新規なのか」および「採用するブランドがブランド既存なのか新規なのか」の二次元で考えられている．ブランドの導入を図7.4 に示す．

　「ブランド強化」は従来から展開しているブランドをさらに強化することである．例えば花王のシャン

	既存ブランド	新規ブランド
既存市場	ブランド強化	ブランド変更
新規市場	ブランド・リポジショニング	ブランド開発

図 7.4　ブランドの導入

（出典：恩蔵直人（2019）『マーケティング　第 2 版』日本経済新聞出版社，p.137．ただし見出しは修正した．）

プー「メリット」は 1970 年に発売されて以来，現在も販売されているロングセラー・ブランドであるが，たびたびパッケージ・デザインや成分を変えている．

「ブランド・リポジショニング」は，既存ブランドを現在展開している市場以外の新たな市場へ展開することで，売上の増加を狙う戦略である．"リポジショニング"という言葉から「ターゲットを変える」という意味に捉えられがちであるが，新たなターゲットを設定するという意味から「ターゲットを広げる」こともリポジショニングに含まれる．典型例として国内で展開されていたブランドの海外展開が挙げられる．

「ブランド変更」は同じ市場やセグメントを引き続きターゲットにするが，ブランドを新しいものへと変更する戦略である．思い切ってブランド・ネームを変えてしまうことだと理解してもらえばよいだろう．古くなってしまった，すなわち鮮度の落ちたブランドを破棄して新ブランドへ変更することにより，ブランドに対する注目を再び集める戦略であるが，変更前のブランドを好んで購入していた顧客が離れてしまったり，これまで築き上げてきた知名度がリセットされてしまったりというリスクがある．だがこのようなリスクがあるとしても，売上が低迷しているなどの理由でブランド変更を行わなければならない時もある．例えばソニーの薄型テレビは，かつてブラウン管テレビに付けられていた「WEGA」をそのまま採用していた．しかしブラウン管のイメージが強すぎたためか，売上において苦戦が続いた．そのためソニーは 2005 年 8 月より薄型テレビのブランド名を「BRAVIA」に変更した．

「ブランド開発」は文字通りまったく新しいブランドを立ち上げる戦略である．これまでビジネスを展開したことがない市場に，新しいブランドで参入することになる．そのため，ブランドを立ち上げるために多額のコストがかかり，またはじめは全く知られていないブランドであるため，売れるかどうかも分からない．つまり企業にとってリスクの高い戦略であると言える．ただし成功すればそのぶん大きなリターンが得られる．

3.　ブランド・ネームの決定

次に「ブランド・ネームの決定」は，どのタイプのブランド・ネームを採用するのかついての意思決定であり，採用戦略とも呼ばれている．ブランド・ネームの決定は「標的市場が同質か異質か」と「製品ライン間のイメージが同質か異質か」の 2 次元で考えることができる[13]．図 7.5 にブランド・ネームの導入

---

[13] この標的市場と製品ライン間の話はなかなかわかりづらいが，次のように理解すると良いだろう．「標的市場の同質／異質」は，各製品ライン間でターゲットにしている消費者層が同じなのか，それとも異なるのかで同質／異質に分かれるということ

のマトリックスを示す.

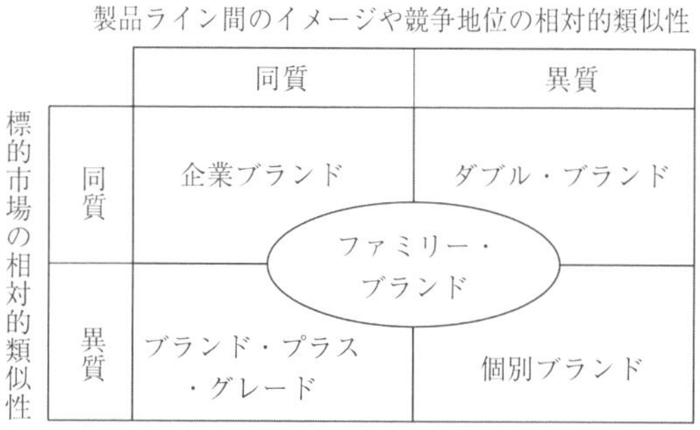

製品ライン間のイメージや競争地位の相対的類似性

		同質	異質
標的市場の相対的類似性	同質	企業ブランド	ダブル・ブランド
	異質	ブランド・プラス・グレード	個別ブランド

ファミリー・ブランド

図7.5　ブランド・ネームの決定

（出典：恩蔵直人（2019）『マーケティング　第2版』日本経済新聞出版社, p.14. ただし見出しは修正した.）

　企業ブランドは「標的市場と製品ライン間のイメージがともに同質」である場合に用いられるブランド・ネームで，コーポレート・ブランドとも呼ばれている．トヨタ自動車やホンダなどの自動車メーカーは，いずれも企業名でありながらブランド・ネームとしても知られている．これらのターゲットはいずれも「自動車に乗る人」であり，また扱っている製品ラインは「自動車」というイメージを持たせようとしている．つまり企業ブランドは，「この企業は主にどのような製品を提供しているのか」をターゲット顧客から理解してもらうために用いられるものであり，また企業全体が相手にする消費者層はだれなのかということを示すものでもある．

　個別ブランドは「標的市場と製品ライン間のイメージがともに異質」である場合に用いられるブランド・ネームであり，製品ライン別に異なったブランドを採用する．このことによって，それぞれの製品ラインの特徴を際立たせるのだ．例えばコカ・コーラ社は，コーラ飲料には「コカ・コーラ」，スポーツ飲料には「アクエリアス」，コーヒー飲料には「ジョージア」と，それぞれの製品ラインに異なるブランドを付けている．

　ダブル・ブランドは「標的市場が同質であるのに対して製品ライン間のイメージが異質」である場合に用いられるブランド・ネームである．ターゲットとする消費者層が同じである一方で，各製品ラインに対して異なる製品だというイメージを持たせたい場合にはこのダブル・ブランドが採用される．ビールはダブル・ブランドが採用されている典型的な製品である．キリンビールの代表的なブランドは「キリンラガービール」と「キリン一番搾り」であるが，双方とも企業名と個別ブランドの組み合わせとなっている．どちらの製品ラインも「ビールを飲む人」がターゲットであるため，まずは双方に「キリン」という企業ブランドを付けるが，その人たちに対して各製品ラインで異なる製品だというイメージを持ってもらいたいために，企業ブランドへ個別ブランドを付け加えるのだ．このように，ダブル・ブランドではターゲットとする消費者層が同じであるため，まずは統一的なブランドとして企業ブランドを付ける．そして，そ

　である．また「製品ライン間のイメージの同質／異質」は，ある製品ラインと他の製品ラインは同じものだという印象を消費者に与えたいのか，それとも違うものだという印象を与えたいのかで同質／異質に分かれるということだ．ただ，この説明でもピンと来ないかもしないが，各ブランド戦略の話を見ていけばこれらの意味が理解できるはずである．

の中で製品の特徴を際立たせるために個別ブランドを付けるのである.

　ブランド・プラス・グレードは「標的市場が異質であるのに対して製品ライン間のイメージが同質」である場合に用いられるブランド・ネームである. 消費者が各製品ラインに対して同質だとイメージさせたい一方で, 製品ラインでターゲットが異なる場合には, 企業ブランドにグレードを追加する. 例えば自動車の場合, デザインや色に違いはあれど自動車という製品ライン間でのイメージは車種間でそれほど変わらない. 一方でターゲット顧客は車種によって異なる. そこで, 例えばBMWのようにBMWという企業ブランドを付けた上でクラスを付けて, どのクラスの車はどのような人をターゲットにしているかがはっきりわかるようにする.

　製品ラインを数多く用意している場合, 共通点のある複数の製品ラインをまとめて, それにブランド・ネームを付けるということがある. それがファミリー・ブランドと呼ばれるものであり, ファミリー・ブランドは標的市場と製品ライン間のイメージの同質／異質にとらわれずに付けられるものである. したがってファミリー・ブランドは「製品ライン群を何らかの共通性に応じていくつかに分け, それぞれに異なったブランド・ネームを与えること」になる. 製品ラインの数が多くなると, ときとして統一感が無くなってしまう. ファミリー・ブランドは, 統一感が無くなることを防ぐために用いられるのだ. パナソニックは松下電器と名乗っていた時代にファミリー・ブランドを採用していた. すなわち生活家電(白物家電)に「ナショナル」, AV機器に「パナソニック」, 音響機器に「テクニクス」というファミリー・ブランドを付け, それぞれの製品ラインに個別ブランドを付けていた. ファミリー・ブランドは現在, アパレルや化粧品などで見られる.

第7節　価格戦略

　価格は「利益をもたらす唯一のマーケティング・ミックス要素」と言われている. 製品や広告などのプロモーションといった他のマーケティング要素はすべてコストを伴うからだ. 価格戦略は利益に直結するため, 慎重に意思決定を行わなければならない.

1.　価格設定

　価格設定はコスト・ベース, 消費者ベース, 競争ベースの3点から議論できる. 通常, 製品を製造する場合にはコストがかかるため, コストを下回る価格を設定すれば利益がマイナスになってしまう. したがって, 通常は価格の下限はコストになる. ではコストを上回る価格であればいくらでもいいのかというと, それも違う. 消費者は自分の評価以上の価格を支払おうとしないだろうし, 競合企業の価格も考慮しなければならない. したがって, 一般的にはコストを下限, 消費者の評価を上限とし, 競合企業の動きを見ながら価格を設定することになる.

　コスト・ベースの価格設定には主にコスト・プラス法と損益分岐点法がある. コスト・プラス法はある一定の利益率(マークアップ率という)をコストに上乗せして価格を設定する方法であり, 一般に次の式

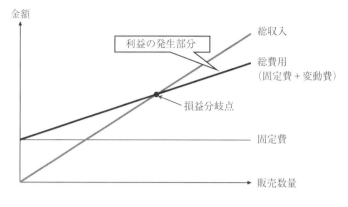

図 7.6　損益分岐点

で表される.

$$価格 = 1 単位あたりの原価 ÷ (1 - 利益率)$$

　次に損益分岐点は損益分岐点分析で利用する利益図表において,売上高線と総費用線との交点をいう.損益分岐点では総収益＝総費用となるため,利益も損失も発生しない.損益分岐点を図示すると図 7.6 のようになる.この損益分岐点分析において利益を発生させるために見込みの販売数量を設定し,それにしたがって価格を設定するのがこの方法である.

　消費者ベースの価格設定方法は価値に対する消費者の評価に基づいて価格を決める方法であり,また競争ベースの価格設定は競合企業の価格に応じて自社の価格を決める方法である.

　ここでは価格設定に関する三通りのアプローチを紹介したが,現実にはいずれか一つのみを用いるのではなく,三通り全てを考慮した上で価格を決定する.

2.　価格戦略

　価格戦略には様々な分類があるが,ここでは新製品を導入する際の価格戦略,製品ライン全体での利益を考慮した価格戦略,消費者心理面を考慮した価格戦略を紹介する.

　新製品を市場導入する場合,価格設定を誤ると製品そのものの失敗に直結する.したがって新製品の価格設定は特に慎重に決めなければならない問題である.ところが新製品の価格戦略にあたっては非常に悩ましい問題が発生する.それは利益を先に取るか市場シェアを先に取るかである.どちらを先に取るかに応じて二通りの価格戦略がある.

　一つ目は上澄み吸収価格戦略であり,これは新製品に高い価格を設定して価格にそれほど敏感ではない消費者層を取り込み,利益をあげようとする戦略である.この場合は「利益」を先に取り,徐々に価格を下げ価格に敏感な消費者層も取り込んでいく.

　二つ目は市場浸透価格戦略であり,新製品を低価格で販売し,はじめからできるだけ多くの消費者を取り込もうとする戦略である.この場合は「市場シェア」を先に取ろうとする.日用品などは市場浸透価格戦略を採用することが多い.

表7.2 製品ライン全体を考慮した価格戦略の例

プライス・ライニング （段階価格）	製品／ブランドに対して消費者が有している価格イメージに対応して複数段階の価格を用意する戦略. 　（例）寿司店，2プライスのスーツ店
バンドリング （抱き合わせ）	複数の製品／サービスを組み合わせて，1つのパッケージとし，顧客に割安感を与える戦略. 　（例）3個入りパックのおにぎり，ホテルの宿泊プラン
キャプティブ価格 （虜価格）	メインの製品の価格を相対的に安く設定し，それと一緒に使用される消耗品の価格を相対的に高く設定する戦略. 消耗品の売上によって利益を確保することを狙いとしている. 　（例）カミソリと刃，プリンターとインクカートリッジ

表7.3 消費者心理面を考慮した価格戦略の例

端数価格	980円や198円など端数を用いた価格. 消費者に割安感を感じさせる. 特に「大台割れ価格」は効果がある.
名声価格	高価格を設定することでステータス性や高品質をアピールすること.「価格の品質判断機能」を利用している. 　（例）ラグジュアリー・ブランド，高級ホテル
慣習価格	社会慣習上いつの間にか決まってしまう価格. この価格より安い価格を設定しても売上はあまり伸びないことが多い. 　（例）缶入り清涼飲料

製品ライン全体を考慮した価格戦略では，個別の製品ライン単位やアイテム単位で利益を出すのではなく，製品ライン全体で利益を出すことを考える. 例を表7.2に示す.

次に消費者心理面を考慮した価格戦略を表7.3に示す. 価格を見て消費者がどのように感じるかは購入の可否に大きな影響を与えるため，消費者の心理面を考慮して価格設定を行うことは重要である.

第8節 流通チャネル戦略

マーケティングにおける流通チャネル戦略は，主にメーカーが自社製品を最も有利に販売するためにはどのような流通チャネルを用いれば良いのかについて議論される[14].

流通チャネル戦略においてまず問題となるのは，自社製品を消費者へ届けるまでの間に商業者を何段階用いるのかということである. これは企業の戦略や製品の性質によって異なるが，一般にはゼロ段階（メーカーと消費者の間に商業者が入らず，メーカーから消費者へ直接届ける）から4段階（メーカー→卸売業者→卸売業者→卸売業者→小売業者→消費者）まであると言われている. チャネルの段階数が増えるということは，メーカーと小売業者の間に入る卸売業者の数が増えることを意味する.

次に仲介者の数が問題となる. これは流通チャネルの各段階でどれくらいの数の流通業者に自社製品を取り扱ってもらうのかという問題である. 主に三つの考え方がある.

---

[14] テキストブックによっては「マーケティング・チャネル」という言い方がされることもある.

　一つ目は排他的チャネル政策であり，この政策のもとでは各地域における流通業者の数を絞り込む．メーカーは取引する流通業者と強力な関係性を構築し，原則としてメーカーの意向に沿ったかたちで販売してもらう．ブランド・イメージを維持したい場合にはこの政策がよく採用される．例えばルイ・ヴィトンをはじめとする一部ラグジュアリー・ブランドは，取扱い小売業者を各エリア 1 店舗に限定している．

　二つ目は選択的チャネル政策であり，取引を希望する流通業者の中から自社の方針と適合しいくつかの業者を選択する政策である．排他的チャネル政策とは異なり，他社ブランドを取り扱うことは特に問題としない．これもブランド・イメージの維持を目的としているが，パソコンといった保守を必要とする製品でもこの政策が用いられる．

　三つ目は開放的チャネル政策であり，この政策のもとでは取引する流通業者の数を特に限定せず，できる限り多くの流通業者に自社製品を取り扱ってもらおうとする．食品や日用品ではこの政策がとられることが多い．

第 9 節　マーケティング・コミュニケーション戦略

　マーケティング・コミュニケーションは 4P における「プロモーション」に相当するが，現在，プロモーションは一般に「セールス・プロモーション」と同義で用いられることが多い．またプロモーションというと売り手側からの一方的な働きかけがイメージされるが，インターネットが普及した現在においては，必ずしも一方的な働きかけのみとは限らない．したがって 4P でいう"プロモーション"は"コミュニケーション"と呼ばれることが多い．

1.　コミュニケーション手段

　マーケティング・コミュニケーションは簡単に言うと消費者に対する自社ブランドの宣伝になるが，宣伝するための手段は主に四つある．

　第一に広告である．広告は「明示されたスポンサー（広告主）によるアイデア，財，サービスに関する非人的な呈示とプロモーションであり，有料の形態であるもの」をいう（Kotler and Keller，2009）[15]．おそらく広告は最も目にするコミュニケーション手段であるが，いろいろな種類がある．いくつかを表 7.4 に示そう．

　ところで広告を語るうえで外せないものにメディアとビークルがある．メディア（媒体）は「メッセージをターゲットへ届けるための手段」であり，ビークルは「メディアにおける特定の銘柄」である．例えば新聞がメディアであれば，読売新聞や日本経済新聞などがビークルになる．メディアには主に電波媒体（テレビ，ラジオ），印刷媒体（新聞，雑誌），屋外，ダイレクトメール，インターネットなどがあり，それぞれ長所と短所がある．したがって広告を行う際には，各メディアの長所と短所を考慮した上で採用するメディアを決めなければならない．

　第二はセールス・プロモーションである．セールス・プロモーションの定義は人によってまちまちであ

---

[15] Kotler, Philip and Kevin Lane Keller (2009), *Marketing Management*, 13th edition, New Jersey: Pearson Prentice Hall, p.120.

表 7.4　広告の例

製品広告	特定ブランドを宣伝するための広告.
企業広告	特定ブランドではなく，スポンサーである企業そのものを宣伝するための広告.
情報提供型広告	製品に関する情報をターゲットへ知らせるために行われる広告.
説得型広告	自社製品／サービスがいかに優れているかをアピールするための広告. 競争が激しい市場で展開されることが多い.
リマインダー型広告	自社ブランドを思い返してもらったり，再び意識してもらったりするために行われる広告. 定番ブランドで行われることが多い.
比較広告	自社と競合他社を比較している広告. 自社の優位性をアピールする場合もあれば，競合他社と同程度優れていることをアピールする場合もある. 競合他社を明示するケースと，明示せずにぼかすケースがある.

表 7.5　セールス・プロモーションの例

現金割引		クレジットカードなどではなく現金で支払った場合に行われる割引.
数量割引		複数個まとめて買うと 1 個あたりの価格が値引きされること.
特売価格	Hi-Lo プライシング	通常の販売価格を一時的に引き下げて売上の増大を狙うこと. "セール"等が当てはまる.
	エブリディ・ロー・プライシング（EDLP）	常に安い価格で販売すること. EDLP を採用している場合，通常"セール"は行わない（行われる場合もある）.
サンプリング		試供品（サンプル）を配布すること.
クーポン		割引や特典を付与することを約束した証書. 現在は，オンラインなどさまざまな形で発行されている.
プレミアム		いわゆる"おまけ"のこと. 製品に封入されていることもあれば，対象製品を購入すると店頭で配布されることもある.
増量パック		通常よりも容量を増やすことで割安感をアピールすること. 食料品や日用品などで行われることが多い.

　るが，総じてみると「マーケティングコミュニケーションのうち，広告，人的販売，パブリシティを除いたすべてのツール」がセールス・プロモーションに含まれるようである. このことから，セールス・プロモーションの適用範囲が非常に広いことが分かる. セールス・プロモーションの一例を表 7.5 にまとめた.

　三つ目は人的販売であり，これは店頭もしくはいわゆる「外回り営業」というかたちで人を使って顧客を説得し，購買を直接刺激しようとするものである.

　第四はパブリシティである. パブリシティは「情報が無料でマスメディアに取り上げられることを意図して発信するメッセージ」である. 基本的に無料であり，またマスメディアという第三者を通じて情報が発信されるので高い効果が得られるが，発信の仕方や記事として取り上げるかどうかの決定権はマスメディアにあるため，不確実性の高い手法となる.

2.　コミュニケーション・ミックスとIMC

　前節で取り上げたコミュニケーション手段は，通常ひとつだけ用いるのではなく複数併用して用いるが，メッセージが連動していないと消費者に対してメッセージが正しく伝わらない．そこでコミュニケーション手段を効果的に組み合わせる必要が出てくるが，どの手段を重視すべきかは製品のタイプによって異なるし，主に採用するコミュニケーション戦略によっても異なる．

　一般に，消費財の場合はまず自社ブランドの知名度を上げる必要性から広告に最も高いウェイトが置かれる．次いでセールス・プロモーション，人的販売，パブリシティの順にウェイトが下がっていく．一方産業財の場合，ターゲットとする顧客がある程度限定されるため人的販売が最も重視される．次いでセールス・プロモーション，広告，パブリシティの順にウェイトが下がっていく．

　次に企業がプッシュ型の戦略を重視するのかプル型の戦略を重視するのかによっても用いるコミュニケーション手段のウェイトは異なる．プッシュ戦略はメーカーが自社ブランドを積極的に扱うよう流通業者に働きかける戦略であり，この場合は人的販売にウェイトが置かれる．一方プル戦略は消費者へ直接アピールすることによって店頭での指名買いを狙うため，広告にウェイトが置かれる．

　ここまでコミュニケーション・ミックスについて紹介してきたが，近年では統合型マーケティング・コミュニケーション（IMC）というコミュニケーションのあり方が重視されるようになっている．IMCとは「広告，PR，SPなど種々のマーケティング・コミュニケーション手段を一つの複合体としてとらえ，消費者の視点からコミュニケーションの全体を再構築する活動」である（日経広告研究所，2005）[16]．IMCは単にコミュニケーション手段を組み合わせるというコミュニケーション・ミックスとは根本的に異なる．IMCが重視されるようになった背景にはマスメディアを用いた広告の効果に疑問が持たれるようになったことや，POSデータが普及したことによりコミュニケーション効果のより詳細な分析が可能になったことなどが挙げられるが，とりわけインターネットなどの新しいメディアが普及したことがIMCの重要性をより高めている．特に，インターネットの普及に伴ってクロスメディアという手法が広がってきたことがIMCの促進を後押ししている．

　クロスメディアは「ある一つのメディアから別のメディアへと消費者を誘導するようなメディアの手法」であり，最近よく見かける手法である．例えば雑誌のQRコードを読み取った上でモバイルサイトにアクセスしてはじめて情報をすべて入手できるといったことである．クロスメディアは現在，さまざまなかたちで盛んに活用されるようになっており，それに併せてマーケティング・コミュニケーションのあり方も大きく変容している．

第10節　本章のまとめ

　本章ではマーケティングの基本からこれだけは押さえておいた方がよいと思われるトピックスをピックアップして紹介した．事業の定義，マーケティング環境分析，マーケティング・リサーチ，関係性マーケティング，サービス・マーケティング，ソーシャル・マーケティングなど，重要でありながらも割愛した

---

[16] 日経広告研究所編（2005）『広告用語辞典 第4版』日本経済新聞出版社，12ページ．

トピックスはたくさんある．本章を読んでマーケティングに興味を持ったのであれば，ぜひマーケティングのテキストブックを読んでいただきたい．マーケティングの面白さがわかるはずである．

参考文献

- 阿部誠『大学 4 年間のマーケティングが 10 時間でざっとまなべる』KADOKAWA，2017 年.
- 恩藏直人『マーケティング　第 2 版』日本経済新聞出版社，2019 年.
- 久保田進彦・澁谷覚・須永努「はじめてのマーケティング」有斐閣，2013 年.
- 橋田洋一郎・須永努『マーケティング』放送大学教育振興会，2013 年.
- 和田充夫・恩藏直人・三浦俊彦『マーケティング戦略　第 5 版』有斐閣，2016 年.

さらに深く学ぶために参考となる Web サイト	
(1)　総務省統計局	https://www.stat.go.jp/
(2)　公益社団法人 日本マーケティング協会	https://www.jma2-jp.org/
(3)　日本マーケティング学会	http://www.j-mac.or.jp/
(4)　公益財団法人 流通経済研究所	https://www.dei.or.jp/
(5)　日経広告研究所	https://www.nikkei-koken.gr.jp/

（閲覧日はいずれも 2020 年 12 月 10 日）

第8章

会計情報の公開

本章の概要

　本章では，一般には金銭の授受・収支のイメージのある会計について，それが経済社会において，また企業活動において重要な役割を果たしていることについて論じる．言うまでもなく，企業活動はその活動資金なくして成立しない．その資金は自己資金の場合もあれば，外部からさまざまなルートで調達する場合もある．会計はその資金の動き，そしてその活用を記録・整理するとともにそれらの一覧情報（会計情報）を作成する．会計情報は企業内部で活用されるとともに，企業と利害関係者との間を結び付けることにそれぞれで活用される．この意味で会計は経済社会の重要なインフラである．そこで本章では，主要な会計情報の基本的な枠組みと役割を把握するとともに，会計情報の入手・活用例について概観する．

第1節　はじめに

　みなさんが「会計」という用語を見聞きする機会は非常に多いはずだが，「会計」と聞いたときに何が思い浮かぶだろうか．おそらくは，「会計＝現金の取り扱い」だろう．ちなみに，広辞苑では「会計」を次のように説明している．

　「かい - けい【会計】クヮィ‥（「会」は総勘定，「計」はかぞえる意）

　① 金銭・物品の出納の記録・計算・管理．また，その担当者．② 企業の財政状態と経営成績を取引記録に基づいて明らかにし，その結果を報告する一連の手続．また，その技術や制度．企業会計．③ 官庁組織の単年度の収支を予算との対比で把握する予算決算．また，その技術・制度・単位．官庁会計．④ 飲食店などで代金を勘定して支払うこと．「おー」」（新村出編『広辞苑 第7版』岩波書店，2018年，478頁）

　一般に「会計」の意味について思い浮かべるのは ① と ④ の意味であろう．とくに ④ は日常生活で欠かせないものである．① もまた，あらゆる組織体において欠かせないものである．しかし，④ は ①〜③ とは別の意味，つまり「支払」または「精算」を意味して用いられている．

　① の意味では，大学生であれば，部活やサークルなどで，あるいはゼミにおいて会計担当者がいるであろう．会社等に勤務しているならば，会社等に会計あるいは経理担当者がいる．家庭においても誰かが家計をコントロールしているであろう．この意味では，企業にも官庁組織にも「会計」は存在している．こ

れらには，金銭や物品等の動きを記録・把握し，管理することが含まれている.

　「会計」には，上述の意味にくわえて，記録し集計したものを一定の様式で開示する意味が含まれている. この開示対象は，広く一般大衆に対しての場合もあれば，限定的な範囲の場合もある. たとえば，部活・サークル等では，会計担当者は部活・サークルの構成員に対して資金残高や使用状況を開示する必要がある. これは構成員が運営資金を提供し，会計担当者がその資金を管理し支出に充てているので，構成員はその資金の状況等について知りたいからである.「会計」はこのような利害関係のある人を含む多くの人たちに情報を伝達する役割がある. この点が特に強調されるのが ② の意味になる. ③ についても同じ意味が含まれているが，② に比べると資金管理的意味合いが強くなる.

　本章は，日常用語として用いられる意味とは異なる ② の意味での「会計」について，そしてそれが経済社会においてどのような役割を果たしているのかを扱うものである.

第 2 節　会計は情報である

1.　誰に報告する？

　前述の ② の定義が示すように，企業は財政状態と経営成績を報告する. この報告は企業が自発的におこなう場合もあれば，法律で要求される場合もある. 個人で事業をおこなう人は必ずしも報告を要求されるわけではないが，それを除けばたいていの企業はなんらかの報告を要求される.

　ここで報告とは，誰が誰にするのだろうか. たとえば，株式会社であれば，株主総会をつうじて経営者が株主に報告をする. 両者は企業活動に必要な資金の運用者・受託者と提供者・委託者の関係にある. ② の意味での会計はこの関係が成立するところではどこでも存在する. サークルや部活あるいは町内会などにおいても，その構成員から運営費（会費）が拠出され，その資金を会計担当者が管理・運用し，そして定期的に会計担当者が構成員に対して会計報告をしていることだろう. 公的機関であれば，その運営資金は国や地方自治体などから資金提供を受けているので，それらに対して報告をする. また国や地方自治体もまたその運営資金を提供する納税者に報告をすることになる. これらの状況では，経営者・代表者には資金を受託し適切に管理運用する責任が生じる. これを**受託責任**という. 資金の提供者・委託者はその資金の実際の使い道等に直接関与するわけではなく，資金の受託者・運用者から定期的にその結果について報告を受けることになる. このとき，受託者・運用者は自身の活動を一定の様式にしたがって提供することで，自身が委託された責任を果たしたこと（委託者の期待したとおりか否かは関係ない）を伝達する. これを**受託責任の解除**という. 個人で事業をおこなうものは自己資金で活動をすることから，上述の意味では報告はないが，個人も事業活動に必要な資金を金融機関等から借り入れている. このため，個人も金融機関等に報告が必要となる. さらに，委託・受託の関係にはないが，企業には所得税や法人税の納税義務があることから，ここでも財政状態や経営成績の報告（申告）が求められることになる. あらゆる企業について会計報告が，その相手は多様だが必要となる.

2. 財政状態と経営成績の報告

個人事業者の報告や，公的機関等の報告は限定的な状況でおこなわれるので，ここからは営利目的の法人，なかでも株式会社に限定して話を進めていこう．株式会社の活動を規制する法律の主たるものに会社法がある．会社法では，会社を株式会社と持分会社に区分している．両者の大きな違いは，所有と経営の分離がされているか否かである．持分会社は，原則としてすべての出資者（総社員）の同意によって運営され，出資者（社員）が自ら経営をする組織形態をいう．一方，株式会社では経営は経営者（取締役）がおこない，出資者（株主）は経営に直接関与せず，通常は配当等に関心を有することになり，会社の所有者と経営者は基本的に同一ではないとみなす組織形態をいう．

株式会社では出資者が（また，債権者も）経営に関与しないことから，法律によりその権利を保護するためにさまざまな規制がされている．会計の報告に関しても，株主総会終了後速やかに財政状態や経営成績を公表することが義務づけられており，これを**決算公告**という．

会社法では，決算公告にあたって株式会社を**大会社または公開会社**とそれ以外の会社に区分している．大会社とは以下のいずれかの条件を充たす株式会社である（会社法第 2 条 6 号）．

① 貸借対照表の資本金の額が 5 億円以上

② 貸借対照表の負債の総額が 200 億円以上

貸借対照表については後述するとして，「資本金の額」とは株主が会社に拠出した（返還を求めない）金額を意味し，「負債の額」とは後日支払う（または用役を提供する）義務の金額を意味する．この金額の大きさは，会社の規模が大きく会社と利害を有する者が多いことを意味する．株主が 1 人であれば 1 人で 5 億円の拠出をしなければならない．少なくとも日本国内に返還を求めずに 5 億円を支払うことのできる者はそれほど多くないであろうから，これは株主が多数いることを意味する．同様に 200 億円の資金を一定期間貸し付けあるいは支払いを待つことのできる者はそうはいないであろうから，これについて（債権者という）も多数いることを意味する．したがって，利害関係者の多寡で区分をしているといえる．

株式会社の仕組みにおいては，出資者を含む株主は会社に拠出した資金の返還を求めることは原則としてできない．株主がその資金を必要とした場合には，資金拠出と引き換えに取得した株式を他者に譲渡することで換金する．この譲渡に制限がまったく課されていないか，または一部しか課されていない会社を公開会社という．譲渡が自由になると既存の株主や経営者にとってまったく面識のないものが株式を取得することになる．規模の小さな会社においては既存株主の利害関係や会社経営に大きな影響を与えうることから制限を加えていることが多い．公開会社もまた会社規模が大きく，多数の株主がいる会社となるだろう．

決算公告は，上述のようなことを念頭に，公告する情報の内容を下記のように定めている．（会社法第 440 条，第 939 条第 1 項第 1 号又は第 2 号）

① 大会社かつ公開会社は，貸借対照表（固定資産細分）と損益計算書．

② 公開会社は，貸借対照表（固定資産細分）．

③ 大会社は，貸借対照表と損益計算書．

④　①〜③ に該当しない会社は，貸借対照表.

株主数や利害関係者の範囲等が広いと考えられる ① の大会社かつ公開会社ほど多くの情報の公告を義務付けられている.

　ところで，「公告」とは「広く世の中に告げ知らせる」あるいは「会社が，官報，定款に定めた日刊新聞紙，電子公告のいずれかの方法で，自社の情報を株主や債権者などに直接伝達する」（『広辞苑』，978 頁）ことなどとされている. 公告を義務づけることにより，会計はこのような利害関係のある人だけでなくそれらを含む一般大衆に情報を伝達する制度となっている.

第 3 節　会計が提供する情報

1.　会計期間の設定

　会計は，企業の活動を一定の様式で記録してそれらを集約した一覧を作成し（簿記の手続き），公表する. ここで公表される情報の主たるものとして貸借対照表と損益計算書がある. 会社法ではこれらに株主資本等変動計算書をくわえたものを計算書類といい，株式会社はこれらの書類を作成しなければならない. ただし，決算公告・公開の対象となるのは前述のとおりである.

　しかし，一般には計算書類という用語よりも財務諸表という用語のほうが行き渡っている. ちなみに書店の会計関係のコーナーでは後者の文言を付した書籍が並んでいる. 財務諸表等は，金融商品取引法の対象となる株式会社が作成を求められる会計情報であり，以下のものが含まれる.

　　　　貸借対照表，損益計算書，キャッシュ・フロー計算書，株主資本等変動計算書，附属明細表

　財務諸表と計算書類の違いは，キャッシュフロー計算書と附属明細表の有無にある. また，計算書類と財務諸表には個別と連結という区分による会計情報がある. 個別とは会社 1 社のみで 1 つの会計書類を作成・公表することを意味し，連結とは一定の基準にしたがって選別された会社群を 1 つの会社とみなして 1 つの会計書類を作成・公表することを意味する. したがって，A 社の個別貸借対照表といったときには A 社の貸借対照表のみを意味するが，A 社の連結貸借対照表といったときには A 社および一定の基準により同社と一体化して（たとえば，C 社は A 社の製造部門を株式会社として設立・運営されて）いる複数の会社の貸借対照表を合算等して作成された A 社の貸借対照表という意味になる. かつては個別の会計書類を中心としていたが，現在では企業が一定の支配関係のもとで一体となって活動をするようになっていることから，連結の会計書類を中心として会計書類が作成されている.

　金融商品取引法が規制対象としている企業は，主として一般に上場企業といわれる会社である. これらの会社は前述の会社法の区分にしたがえば，大会社かつ公開会社に相当し，その利害関係者もまたその動向が社会に与える影響も相当に大きい. そこで，ここからはこれらの会社を念頭に話を進めていくこととし，会計情報の中身についても用語は（個別）財務諸表を用いることとする.

　主たる財務諸表の貸借対照表と損益計算書は以下の情報を示している.

　　　貸借対照表 … 一定時点の企業の財政状態を示す.

　　損益計算書… 一定期間の企業の経営成績を示す.

　これらの会計情報を作成するさいにいくつかの前提条件が設定されるが, そのうちの 1 つに（会計）期間の設定がある. たいていの企業はその設立時に, 解散, 廃業等を想定しておらず, 永続することが前提となっている. 現にわたしたちは 100 年以上の歴史を持つ企業を知っている. たとえば, 世界最古の企業は, 578 年創業の建設会社である株式会社金剛組（2005 年に経営不振に陥り, 支援元の高松建設が設立した同名の会社に事業譲渡等がされている）である. このように終わりがない企業活動を対象にどのように儲け（純損益）の計算をしたらいいだろうか. この儲けの計算には, たとえば「この取引で」,「土地を売って」,「今日 1 日で」あるいは「大学祭の模擬店で」というように, 儲けの計算の始点と終点が必要になる.

　企業は資金を調達し, それを投資し（ex. 商品を仕入れ）, 投資対象を活用し（ex. 商品を販売し）, 投資額を上回る金額の回収をおこなう. そして再びそれを繰り返す（サイクル）とともに, そのサイクルの短縮化や複数化等をすることで成長・存続を図っている. このとき 1 サイクルごとに儲けの計算をすることも, また事業が終了するまで儲けの計算を待つことも現実的ではない. そこで会計情報の作成にあたっては, 永続するだろう企業の活動を人為的に時間で区切ることにしている. これにより時間的な始点と終点を決定し, 始点と終点の状態あるいはその間に起きたことについての情報を作成する. たとえば, わたしたちの体重は日々変化している. このとき「体重が増えた（減った）」というときには, 必ず時間的な始点と終点が必要である. もしダイエットをしたいならば, その間に何をしていたかという情報も必要であろう.

　そこで, 期間の設定が必要になり, 基本的には 1 年を会計期間として, より情報の速達性が求められると四半期を会計単位として会計情報が作成される. 先述の決算公告は, 1 年を会計期間とし, たとえば 4 月 1 日から翌年 3 月 31 日を会計期間（多くの日本企業がこれを会計期間としている）として, 3 月 31 日（一定時点）の貸借対照表と, 同期間（一定期間）の損益計算書を作成し公表する.

2.　貸借対照表と損益計算書の関係

　貸借対照表は, 資産, 負債, 純資産から構成される. 資産は将来経済便益と, 負債はその犠牲, 純資産はそれらの差額と定義することができる. ここで, 将来経済便益とは, 将来にキャッシュ・フローをもたらすもの（現金に限定されるわけではなく, サービス等も含まれる）と理解すればよい.

　たとえば, 現在, あなたの手許に 100 万円の現金と 200 万円で購入したばかりの自動車があり, その一方で, 自動車の購入のために 190 万円の自動車ローンがあり, また友人等に借金が 30 万円あるとしよう.

　前述の定義に照らすと, 現金 100 万円は将来に現金をもたらす何かへの投資, あるいはサービスの費消による経済便益をもたらすことから資産であり, また自動車も同様である. 借金は, 将来に現金つまり資産の犠牲（流出）をもたらすことから負債である. したがって, この時点であなたは資産を 300 万円（現金 100 万円＋自動車 200 万円）所有し, 負債を 220 万円（自動車ローン 190 万円＋友人からの借金 30 万円）負っていることになり, その差額の純資産は 80 万円である. これは図 8.1 のように示すことができる.

　右側の純資産の額は，左側の資産の額と右側の負債の差額で求められることから，つねに左右の金額は一致する．これは算数としては当然のことだが，より重要なことは，あなたが資産や負債について何か行動をすれば，貸借対照表には 2 つの変化が生じることにある．たとえば，あなたが現金 5 万円を支出したとしよう．すると資産の額は 295 万円になる．ここで左右の金額を一致させるために，次の 3 つのケースを考えてみよう．

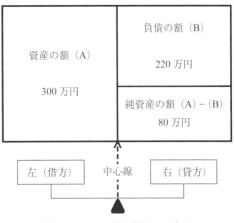

図 **8.1**　賃借対照表

　①　5 万円の支出は，自動車ローンの返済である．
　②　5 万円の支出は，スマートフォンの購入である．
　③　5 万円の支出は，旅行に出かけたからである．

　① のケースでは，自動車ローンの返済で負債の額は 215 万円（負債 220 万円 − 5 万円）になる．② のケースでは，現金支出の代わりにスマートフォン（資産）が手元にあるので，資産の額は 300 万円（現金 100 万円 + 自動車 200 万円 + スマートフォン 5 万円）で変わりはない．資産の構成が変わった，つまり現金，自動車，スマートフォンの 3 つの資産を所有することになった．③ のケースでは，旅行によるサービスを費消したが，代わりに資産を受け取ったわけでもなく，また後日の支払義務が生じたわけでもない．このため，資産の構成は変わらないがその額だけが変化し，負債については構成もまたその額にも変化はない．図 8.2 は，これらケースの現金支出後の貸借対照表である．

　ケース ① と ② では純資産の額に変化は生じないが，ケース ③ では左側の資産の額の減少に応じた右側の負債の額に変化が生じなかったため，結果として両者の差額である純資産の額が変化している．

　ここで差額として計算される純資産の額は，資産の額のうちあなたに帰属する額を示している．あなたには 220（または 195）万円の負債の額があることから，もし今その支払いを求められたとすれば，あなたの手元には 80（または 75）万円の資産の額しか残らない．この額があなたに帰属する額であり，100% 自由にできる額である．したがって，ケース ① と ② では，あなたのその額には変化がなかったが，③ では 5 万円減少していることになる．

ケース①

資産の額（A） 295 万円	負債の額（B） 215 万円
	純資産の額 (A) − (B) 80 万円

ケース②

資産の額（A） 300 万円	負債の額（B） 220 万円
	純資産の額 (A) − (B) 80 万円

ケース③

資産の額（A） 295 万円	負債の額（B） 220 万円
	純資産の額 (A) − (B) 75 万円

図 **8.2**　現金 5 万円支出後の賃借対照表

　期間による会計計算では，最初（「期首」という）と最後（「期末」という）に貸借対照表を作成し，その純資産を比較することにより儲けの有無を計算する．上述の説明によれば，あなたが支出をすれば必ず貸借対照表が変化するが，儲けの計算を期間でおこなうことから，途中（「期中」という）で作成する必要はない．

　期首と期末の純資産の額を比較し，それが増加していればあなたに帰属する額が増加しているので純利益が，逆の場合には純損失が生じる．したがって，③ のケースでは純損失が 5 万円ということになる．

　このように純損益の計算は容易だが，1 つ問題がある．前述のケース ③ は 5 万円の支出による結果だけをとりあげているので，純損失の原因は判明している（この場合，旅行代金の支出によるという原因がわかっている）．しかし，営利目的で設立される企業の場合には，絶えず利益獲得のための活動を繰り返している．純資産の比較は，その活動の結果のみを示すだけであり，なぜ純損益の額がその額になったのかに関する情報が含まれていない．この情報がなければ，純利益を増加させる方策がわからないであろう．そこで，その情報として損益計算書が作成され，純損益が生じた理由を明らかにするのである．

　ケース ③ では，純資産の額が減少している．しかし，前述のように支出が起きるたびに貸借対照表を作成してそのことを把握することはしない．代わりに，支出が純資産の減少をもたらすことを「費用」として把握・記録する．つまり費用とは，純資産の減少要因である．逆に現金の受取が生じたが，代わりに資産の額の減少や負債の額の増加が生じていなければ，純資産の額が増加することになる．これを「収益」として把握・記録する．つまり収益とは，純資産の増加要因である．

　あなたが，5 万円の現金支出（ケース ③）の後に，給料またはバイト代として現金 15 万円（資産）を受け取ったとしよう．このとき貸借対照表は図 8.3 のようになる．

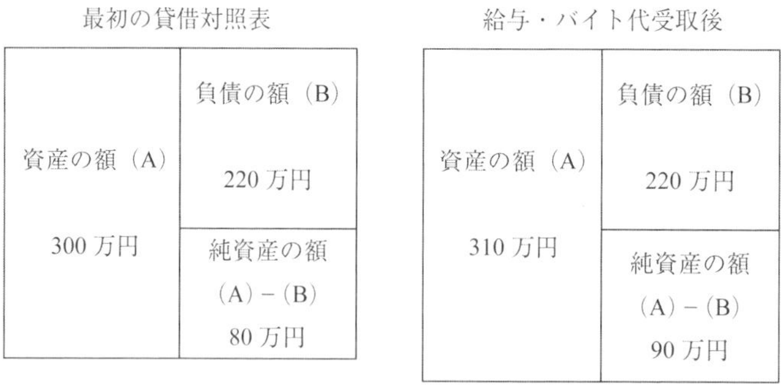

図 8.3　給与・バイト代の受取後に比較すると

　ここであなたは，2 つの貸借対照表だけを比較して，純資産の額の増加 10 万円（90 万円 – 80 万円）があり純利益（10 万円）が生じたことを把握できるが，その理由はわからない．そこでその要因を集約すると，

　　純資産の増加要因の額 **15 万円**　 – 　純資産の減少要因の額 **5 万円**　 = 　**10 万円**
　　（バイト代による収益）　　　　　　　（旅行代金の費用）

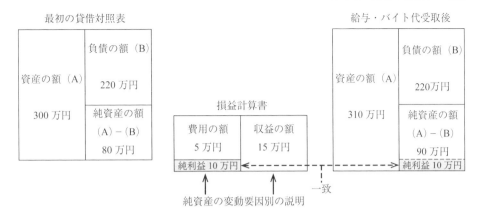

図 8.4　賃借対照表と損益計算書の関係

であることがわかる。損益計算書は，これを「**収益 − 費用 = 純損益**」として示すものである。2 時点の貸借対照表の純資産の額の比較で算定される純損益の額と，2 時点間の収益の額と費用の額の比較で算定される純損益の額は原則として一致する関係にある。これは上述のように，収益と費用が純資産の増減を説明する要素だからである。ただし，純資産が増減する要因には，収益と費用だけでは説明できないものも含まれる。たとえば，株式会社であれば，増資や減資，株主への配当などの**資本取引**（収益と費用で説明されるものは**損益取引**という）によるものや，会計のルールにより特殊な会計処理がされるものがある。後者の会計処理については大企業等でみられるものである。

3.　キャッシュ・フロー計算書

　金融商品取引法の規制対象である企業には，さらにキャッシュ・フロー計算書の作成が義務づけられている。私たちが企業の財務諸表を容易に入手できるのはこれら企業であるので，キャッシュ・フロー計算書についても簡単に触れておこう。

　私たちの日常生活では，キャッシュレスが浸透してきたとはいえ，基本的には現金取引である。一方，企業のおこなう取引の多くは信用取引である。この取引では，収益の認識のタイミングと実際に現金を受け取るタイミングにズレが生じる。これは「収益が生じた」とは，現金収入を意味しないからである。それは「財・サービスを提供し貨幣性資産（現金だけではない）を獲得した」ことを意味する。私たちがクレジットカードで買い物をしたケースを考えてみよう。私たちは財・サービスを購入しその代金をクレジットカードで支払っても，その時点では現金支出は生じていない。現金支出（銀行口座引き落とし等）は約1 ヵ月後に生じる。一方，販売店でも現金収入は一定期間後に生じる。このとき会計の考え方では，販売店には財・サービスの提供時に収益が生じ，同時にクレジットカード会社に債権が生じたと考え，私たちには資産の取得または費用が生じたと同時にクレジットカード会社に債務が生じたと考える。その後の現金の収入・支出は債権・債務の決済であると考える。

　図 8.4 では取引が現金で行われているので，純利益の額 10 万円と 2 時点比較の現金の増加額は一致す

るが，上述のような理由から，通常は一致しない．このため，企業が純利益を計上していながらも債務の決済ができずに破綻してしまう黒字倒産といわれる現象が起きる．このような極端なケースではなくても，企業の資金回転（資金を蓄えていても利益を生み出さないので，企業に流入した資金はさらなる利益獲得に向けた投資として流出しなければならず，これを繰り返していくのが企業活動である）がどのような状況にあるかが重要となる．キャッシュ・フロー計算書は，これらの状況をキャッシュの流入（キャッシュ・インフロー）と流出（キャッシュ・アウトフロー）で示すものである．ここでキャッシュとは，現金（手許現金と要求払預金）と現金同等物（容易に換金可能で，かつ価値変動のリスクが僅少な短期投資）を意味する．企業のキャッシュの流入・流出要因は大別して以下の 3 つがある．

① 営業活動によるキャッシュ・フロー

② 投資活動によるキャッシュ・フロー

③ 財務活動によるキャッシュ・フロー

① は企業の主たる営業活動（財・サービスの取得と販売など）等によるものであり，たとえば，100 円で取得した財を 120 円で販売すれば現金収支は 20 円増になるはずなので，これがプラスであることが期待される．② は設備投資等の資産の取得・売却によるフローである．企業が中長期的に利益を得るためには，その原資である投資活動が重要である．このため，その活動に熱心な企業の場合にはマイナスになることが多い．③ はさまざまな手法による資金の調達や借入の返済などの状況を示すものである．企業が事業活動を拡大したいときには多額の投資資金が必要になることからプラスになることが，逆にそれら資金の回収が進み借入資金の返済が進むときにはマイナスになることが多い．これら ①〜③ は相互に関係があり，キャッシュ・フローの状況は総合的に判断される．

第 4 節　財務諸表の開示

会社法等の定めにより，企業は計算書類あるいは財務諸表の公告または公開が義務づけられている．ここでは私たちが容易に入手可能な金融商品取引法にもとづき公表される財務諸表についてみてみよう．

1.　上場企業等

金融商品取引法は，以下の条件に該当する企業に有価証券報告書を，各事業年度終了後 3 か月以内に金融庁へ提出することを義務づけている（金融商品取引法第 24 条）．

① 金融商品取引所（証券取引所）に株式公開している会社

② 店頭登録している株式の発行会社

③ 有価証券届出書提出会社

④ 過去 5 年間に，事業年度末日時点の株券もしくは優先出資証券の保有者数が 1000 人を超えたことがある会社

これらのうち ③ と ④ はその条件に該当した場合にのみ対象となるのに対して，① と ② は常時対象となる．一般に，① と ② は上場会社といわれる．金融商品取引所の例としては，東京証券取引所，大阪取引所，

図 8.5　EDINET トップページ

名古屋証券取引所，札幌証券取引所，福岡証券取引所などがある．店頭登録とは，前述の証券取引所で扱わない株式を対象にしたものであり，その市場としてジャスダック証券取引所（JASDAQ）がある．

　上場企業等が提出を義務付けられる有価証券報告書には企業情報として，

　① 企業の概況　　　　　⑤ 経理の状況

　② 事業の状況　　　　　⑥ 提出会社の株式事務の概要

　③ 設備の状況　　　　　⑦ 提出会社の参考情報

　④ 提出会社の状況

さらに，提出会社の保証会社等の情報と監査報告書が含まれている．有価証券報告書は企業のホームページ（HP）内の投資家情報等の部分から，あるいは図 8.5 の金融庁の HP 内にある EDINET（2020 年10 月 30 日時点の画面）で入手できる．

2.　資本市場と会計

　企業は事業活動を遂行するうえでそれに必要な資金を十分に確保することが重要である．私たちが事業を始める時を想定してみよう．まずは自己資金を元手にして事業を始めることだろう．資金が足りなければ銀行から借入れをするところだが，銀行は担保がないと貸出をしないだろう．担保として提供できるものがなければ，自己資金だけで事業をおこなわざるをえない．そのような場合に，次に資金の出し手と期待されるのは親戚や友人である．しかしこれでも集まる金額は限られている．つまり既知の人たちから集められる金額には限界があることがわかる．

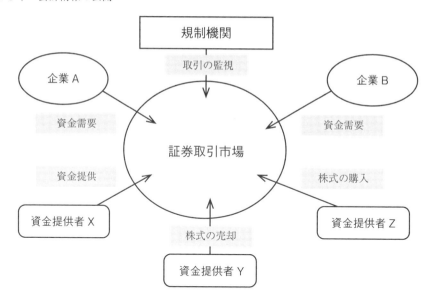

図8.6　証券取引市場の役割

　多くの資金が必要ならば，1人当たりの拠出額はわずかでも多数の人から集めることによって達成できる．さらに既知の人に限定せず，未知の人に事業の将来性を伝えて資金を拠出してもらうことにより巨額の資金調達が可能になる．これを可能にするのが株式会社であり，資本（証券取引）市場の存在である．証券取引市場は資金を必要とする者と資金の投資先を探している者を結び付ける場（図8.6）を提供している．

　企業AとBは証券取引市場（発行市場と流通市場）を通じて資金提供者（つまり投資家）を募ることができ，その一方で資金提供者XとZは有望な投資先を市場を通じて探すことができる．また資金提供者Yは，市場を通じて別の資金提供者を募って自身が所有する株式を売却することができる．この資金提供者が，所有する株式を市場を通じて売却できるということが重要である．なぜなら，資金提供者は，資金の拠出先である企業からその資金を回収することは原則としてないからである．資金提供者が企業に拠出した資金を回収したい場合には，企業から資金拠出の対価として受領した株式を第三者に売却することによって可能となる．ゆえに，資金提供者の立場からすると，資金の拠出に先立って，株式の売却先を容易に探すことができることが重要だからである．この結果，資金提供者は企業に資金提供をすることができ，企業もまた資金調達が容易になる．

　このように証券取引市場を通じて資金の需要者たる企業と資金の提供者である投資家との間で取引が成立する．それではどのような企業が証券取引市場に上場しているのだろうか．たとえば，静岡県内の上場企業は51社である（表8.1　2020年11月現在）．この中にはだれでも知っていそうな企業も含まれている．ただし，私たちが社名を知っている企業の多くは，最終製品を提供している企業つまり私たちが購入する商品・製品・サービスを提供している企業である．おそらく表8.1に記載されている企業については社名を知らない，あるいは何をしている企業か不明なところのほうが多いだろう．社名を知っている企業

表 8.1　静岡県内の上場企業一覧（50 音順）

会　社　名	上場市場	業種分類	会　社　名	上場市場	業種分類
(株) アートフォースジャパン	TOKYO Pro ＊	建設	靜甲 (株)	JASDAQ	機械
(株) アイ・テック	JASDAQ	卸売	(株) ZOA	JASDAQ	小売
ASTI (株)	東証 2 部	電気機器	ティーライフ (株)	東証 1 部	小売
(株)AFC － HD アムスライフサイエンス	JASDAQ	食品	(株) デイトナ	JASDAQ	輸送用機器
エイケン工業 (株)	JASDAQ	輸送用機器	天龍製鋸 (株)	JASDAQ	金属製品
(株) エッチ・ケー・エス	JASDAQ	輸送用機器	(株) TOKAI HD	東証 1 部	卸売
(株) エフ・シー・シー	東証 1 部	輸送用機器	(株) トーヨーアサノ	東証 2 部	窯業
エンシュウ (株)	東証 1 部	機械	日本プラスト (株)	東証 1 部	輸送用機器
遠州トラック (株)	JASDAQ	陸運	はごろもフーズ (株)	東証 2 部	食品
(株) エンチョー	JASDAQ	小売	(株) ハマキョウレックス	東証 1 部	陸運
(株) エンビプロ・HD	東証 1 部	鉄鋼	浜松ホトニクス (株)	東証 1 部	電気機器
(株) 河合楽器製作所	東証 1 部	その他製造	パルステック工業 (株)	東証 2 部	電気機器
(株) キャンバス	東証マザーズ	医薬品	フジオーゼックス (株)	東証 2 部	輸送用機器
協立電機 (株)	JASDAQ	電気機器	(株) マキヤ	JASDAQ	小売
共和レザー (株)	東証 1 部	化学	マックスバリュ東海 (株)	東証 2 部	小売
(株) クレステック	東証 2 部	その他製造	(株) ミダック	東証 1 部	サービス
(株) 桜井製作所	JASDAQ	輸送用機器	(株) 村上開明堂	東証 2 部	輸送用機器
静岡ガス (株)	東証 1 部	電力・ガス	焼津水産化学工業 (株)	東証 1 部	食品
(株) 静岡銀行	東証 1 部	銀行	(株) ヤマザキ	JASDAQ	機械
芝浦機械 (株)	東証 1 部	機械	ヤマハ (株)	東証 1 部	その他製造
(株) 清水銀行	東証 1 部	銀行	ヤマハ発動機 (株)	東証 1 部	輸送用機器
(株) 秀英予備校	東証 1 部	サービス	(株) ユタカ技研	JASDAQ	輸送用機器
(株) スクロール	東証 1 部	小売	(株) ユニバンス	東証 2 部	輸送用機器
スズキ (株)	東証 1 部	輸送用機器	ヨシコン (株)	JASDAQ	不動産
スター精密 (株)	東証 1 部	機械	ローランド ディー.ジー. (株)	東証 1 部	電気機器
スルガ銀行 (株)	東証 1 部	銀行			（2020 年 11 月現在）

(Jpubb（http://www.jpubb.com/list/list.php?pref=%E9%9D%99%E5%B2%A1%E7%9C%8C&listed=1, 2020 年 11 月 1 日参照）を基に筆者作成.
＊ TOKYO PRO Market は，東京証券取引所が運営するプロ投資家向けの株式市場です．一般の投資家はこの市場に参加することができません．

には，いわゆる大企業といわれるような企業が並んでいる．たとえば，ヤマハ発動機は 2019 年 12 月 31 日現在で，350,013,146 株の株式を発行し，株主数は 64,368 名にのぼる（同社第 85 期有価証券報告書）．株式の発行で調達した資金である資本金は 859 億 050 万円で，その売上高は 1 兆 6,647 億 6,400 万円（ともに連結ベース，同報告書）である．注目してもらいたいのは，企業の規模ではなくその株主の多さである．株主は同社の利害関係者であるが，その多くは市場を通じて同社の株式を取得しているのであり，同社と直接取引をしているわけでも，またその経営に関与しているわけでもない．株主が同社の経営に関与しているならば，同社の経営状態や将来性などについて直接把握することができる．しかし株主全員が同社の経営に関与していたならば大変なことになるであろう．株主は自身の株式投資資金を配当や株価上昇を期待して企業（経営者）に委託しているに過ぎない．このため，委託者である株主からすれば，同社への投資意思決定をするための情報が必要になる．また，同社にとっても図 8.6 の企業 A と B のように資金獲得で競合する企業が存在することから，自社に関する情報を提供する必要がある．ここに会計情報が公開される意味がある．企業は自社に関する会計情報を投資家に提供する．このとき投資家には現在の投資家

（その主たるものは株主）だけでなく将来の投資家（株式等を取得する可能性のあるもの）も含むものである．投資家は会計情報を基礎にして，投資の決定，継続，終了の意思決定をするのである．規制機関は市場が公正かつ円滑に機能するように，その重要な役割を果たす会計情報（財務諸表）を含む有価証券報告書の提出・公開を要求するのである．

3.　監査の必要性

　投資家は会計情報を基礎に投資の意思決定をおこなうが，その情報を作成するのは企業である．企業は，資金調達で競合するかもしれない他社よりも自社を魅力的に見せたいという誘惑にかられるだろう．したがって，投資家は作成される情報に対して疑念を抱くことになろう．その場合には，投資家は企業への資金提供を躊躇うであろうから，証券市場が機能しなくなる．このため，企業が作成する情報の適切性を担保する仕組みが必要となる．この仕組みが監査である．監査は，独立の第三者（企業と投資家の双方に利害関係がないこと）たる公認会計士または5名以上の公認会計士により共同で設立された監査法人が，財務諸表が会計のルール（一般に公正妥当と認められる企業会計の基準等）にしたがって作成されているか否かを監査基準にしたがって判断し，意見表明するものである．この意見表明には，「適正」，「限定付き

EDINET提出書類
はごろもフーズ株式会社(E00508)
有価証券報告書

<u>独立監査人の監査報告書及び内部統制監査報告書</u>

2020年6月26日

はごろもフーズ株式会社

　　取締役会　御中

双研日栄監査法人
東京都中央区

代表社員 業務執行社員	公認会計士　吉澤　秀雄	㊞
代表社員 業務執行社員	公認会計士　渡辺　篤	㊞

＜財務諸表監査＞
監査意見
　当監査法人は，金融商品取引法第193条の2第1項の規定に基づく監査証明を行うため，「経理の状況」に掲げられているはごろもフーズ株式会社の2019年4月1日から2020年3月31日までの連結会計年度の連結財務諸表，すなわち，連結貸借対照表，連結損益計算書，連結包括利益計算書，連結株主資本等変動計算書，連結キャッシュ・フロー計算書，連結財務諸表作成のための基本となる重要な事項，その他の注記及び連結附属明細表について監査を行った．
　当監査法人は，上記の連結財務諸表が，我が国において一般に公正妥当と認められる企業会計の基準に準拠して，はごろもフーズ株式会社及び連結子会社の2020年3月31日現在の財政状態並びに同日をもって終了する連結会計年度の経営成績及びキャッシュ・フローの状況を，全ての重要な点において適正に表示しているものと認める．

図8.7　監査報告書の一部（はごろもフーズ有価証券報告書所収）

適正」，「意見差し控え」，「不適正」の 4 つがある．前述の有価証券報告書には，これらの意見を記載した監査報告書が含まれている．これにより企業の作成する財務諸表の適切性を担保することになる．ただし，「意見差し控え」と「不適正の意見」が付されている場合にはその限りではない．

　図 8.7 は，監査報告書の実例（一部）である．報告書内にある「監査意見」に「… 一般に公正妥当と認められる企業会計の基準に準拠して … 適正に表示しているものと認める」との記載がある．これが上述の財務諸表等が適正に作成されていることを示す「適正」意見といわれるものである．

第 5 節　財務諸表分析の実例

　ここまで会計が情報であり，その情報が果たす役割についてみてきた．ここでは，投資家が企業情報や財務諸表をみてどのように活用するかを静岡県内上場企業の中からはごろもフーズを取り上げてみていくことにする．静岡県は，マグロ類缶詰の生産量は全国シェア 97.0% を占め，かつお類では 100% を占める[1]．静岡缶詰協会の会員には 17 社のメーカーが登録しているが[2]，このうち上場しているのは，はごろもフーズのみである．ちなみに，ツナ缶・やきとりの缶詰などを製造・販売しているホテイフーズも会員として名を連ねているが，その資本金規模は 9,750 万円であり，はごろもフーズの資本金 14 億円とは圧倒的な差となっている．そこで，本節では，缶詰製造においては全国的にもガリバー企業であるはごろもフーズを取り上げみていくことにしよう．

1.　はごろもフーズの概況

　はごろもフーズは，静岡市に本社を構え事業展開をしている企業である．2000 年 2 月に東京証券取引所の市場二部に上場している．1931（昭和 6）年に創業し，シーチキンやシャキッと！ コーンを始めとする各種缶詰やパスタ，削りぶし，のり，ふりかけ，包装米飯や業務用食品，ペットフードなど実に 900 種類以上の食品を製造・販売している[3]．製造面では，焼津プラントや富士山パスタプラントなど直営工場の他にも約 80 社の関連協力企業を有し，販売面においては，全国に 21 か所の支店・営業所を設置し，原材料仕入れから製造，販売に至るまでの一貫体制を経営基盤とし事業を展開している．資本金規模は，14 億円（2019 年度）であり，売上高は 828 億円（2019 年度）に上る．

　はごろもフーズというとみなさんはどのような商品を思い浮かべるだろうか．製品情報を企業のホームページで確認できることは周知かと思うが，さらに詳細な企業の製品や経営戦略，財務内容についての情報は，ホームページの IR（Investor Relations）情報において投資家向け情報として開示されている．その IR 情報から営業の概況をみていくことにする．

　図 8.8 は，はごろもフーズの近年の概況を示している．ツナが売上の 46.7%（386 億円）と圧倒的な割

---

[1] 2019 年における全国のまぐろ類缶詰の生産量 22,279.6 トンであり，そのうち静岡県の生産量は 21,619.5 トンで全国 1 位となっている（静岡県公式ホームページ，http://www.pref.shizuoka.jp/j-no1/m_magkan.html，アクセス日 2020 年 11 月 27 日．

[2] 静岡缶詰協会ホームページ，http://shizu-cankyo.or.jp/kaiin.html，アクセス日 2020 年 11 月 27 日．

[3] はごろもフーズホームページ，「会社案内」https://corp.hagoromofoods.co.jp/ja/information.html，アクセス日 2020 年 10 月 16 日．

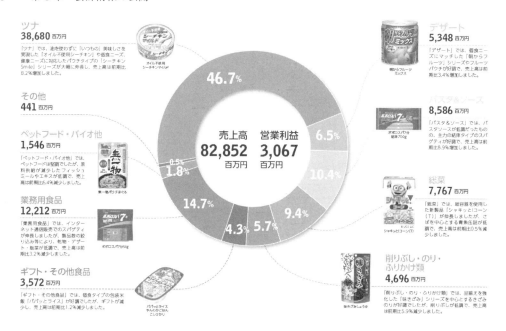

図 8.8　部門別営業の概況
（出典：はごろもフーズホームページ，第 91 期「株主の皆様へ」（2020），pp.3-4）

合を占めていることがわかる．次に高い割合を占めているのが「業務用食品」で 14.7%（122 億円）を占めている．次がスパゲティ（ポポロスパ）に代表される「パスタ＆ソース」で 10.4%（85 億円）となっている．ツナ缶のイメージが強いはごろもフーズだが，実はそれ以外の商品も多くを占めていることがわかる．そして，次に 9.4%（77 億円）を占めるのが，シャキッと！コーンに代表されるような「総菜」である．フルーツ缶詰等の「デザート」が 6.5%（53 億円），「削りぶし・のり・ふりかけ類 5.7%（46 億円），包装米飯などを含むギフト・その他食品が 4.3%（35 億円）とそれに続く．また，割合としてはわずかだが原材料のマグロを利用したペットフードも手掛けていることがわかる．

　はごろもフーズは，1931（昭和 6）年に後藤缶詰所として創業し，ツナ缶中心に加工販売を手掛けてきているが，昭和 37 年にはパスタプラントが完成し，この頃からすでにマカロニ・スパゲティの製造販売を開始している．また，2012（平成 24）年には富士山パスタプラント（静岡市清水区）を完成させている．ツナ缶からスタートした事業だが創業 30 年の頃からはパスタの製造を開始し，現在ではこの 2 つを販売商品の軸としつつ時代のニーズに合わせてペットフード，バイオ製品の開発も行っていることがわかる．

2.　はごろもフーズの財務諸表の概要

　先ほどの IR 情報では有価証券報告書も開示されている．この報告書の中には「経理の状況」が含まれており，この部分が一般に決算書と言われている．はごろもフーズのホームページへといくと「企業情報」というタブから「IR 情報」へと進むことができる．「IR 情報」のなかに有価証券報告書/四半期報告書が開示されている．それでは，実際に，はごろもフーズの 2020 年 3 月期（第 91 期）の決算書を見ていこう．

(1)　はごろもフーズの損益計算書の概要

損益計算書を見れば，はごろもフーズの 2019 年度の経営成績がわかる．また，決算書の数値の開示に合わせ主な指標に関しては投資家向けに丁寧に情報を開示してくれている．図 8.10 は，はごろもフーズの「連結損益計算書」を示しており，図 8.11 は，「連結損益計算書」の概要を示している．

これらの決算数値によると，売上高は 2018 年度の 799 億 20 百万円から 2019 年度は 828 億 52 百万円となり約 29 億円も増加していることが一目瞭然である．さらに

図 8.9　はごろもフーズの企業情報
（出典：はごろもフーズホームページ，「企業情報・採用情報」）

各利益についてみていくと，本業から得られた利益である営業利益（缶詰やパスタ等を製造し販売して得られる利益）が 2018 年度の 15 億 59 百万円から 2019 年度は 30 億 67 百万円と前年度比 96.7%増となり約 15 億円増加していることがわかる．ほぼ 2 倍の営業利益になっている．また，本業から得られる利益に財務収益と財務費用を加味した数値である経常利益も 2018 年度の 18 億 68 百万円から 34 億 2 百万円へとこちらも前年度比 82.1%増となっていることがわかる．結果的に親会社株主に帰属する当期純利益は，23 億 16 百万円と前年度比 133%増となり（約 18 億円増），2019 年度はすべての利益数値において昨年度の数値を上回り非常に好調な様子が窺がえる．

このように売上が大幅に増加した要因はどこにあるのだろうか．消費増税の影響により消費動向に不透明感が広がり，さらに 2020 年には新型コロナウィルス感染症の拡大により国内の社会・経済活動の長期的な低迷が見込まれ景気は大きく後退する状況になっていた．また，食品業界を取り巻く状況としては，消費支出の落ち込みの他にも労働力不足による人件費や物流費の高騰，原材料価格の変動による製品価格の改定が相次いで行われていた．

このような中，はごろもフーズは，製品の絞り込みを行い，他方で消費者の健康志向や簡便性のニーズに対応したツナ製品やパスタ製品の販売促進を通して売上を伸長させてきた．例えば，「ツナ」では，油を使わずにこれまでと変わらない美味しさを実現した「オイル不使用シーチキン」や個食ニーズ，健康ニーズに対応したパウチタイプの「シーチキン Smile」シリーズが大幅に伸長し売上高を押し上げたとされる．また，「デザート」でも個食ニーズに対応した「朝からフルーツ」シリーズやフルーツパウチが好調だったようである．

また，総菜の主力である「シャキッと！　コーン」は，他社の安い製品に対し価格の面で不利な状況だっ

【連結損益計算書】

(単位：千円)

	前連結会計年度 （自　2018年4月1日 至　2019年3月31日）	当連結会計年度 （自　2019年4月1日 至　2020年3月31日）
売上高	79,920,570	82,852,186
売上原価	※1 50,947,119	※1 51,750,762
売上総利益	28,973,450	31,101,423
販売費及び一般管理費	※2,※3 27,413,964	※2,※3 28,033,528
営業利益	1,559,485	3,067,894
営業外収益		
受取利息	65	58
受取配当金	162,851	169,374
持分法による投資利益	69,952	60,257
仕入割引	34,747	33,121
賃貸料収入	73,209	71,913
受取保険金	10,850	40,678
その他	25,086	30,242
営業外収益合計	376,763	405,647
営業外費用		
支払利息	3,348	4,716
賃貸収入原価	39,190	41,903
その他	24,757	24,246
営業外費用合計	67,297	70,866
経常利益	1,868,952	3,402,675
特別利益		
固定資産売却益	※4 665	※4 13,434
投資有価証券売却益	—	880
補助金収入	—	33,892
特別利益合計	665	48,206
特別損失		
貸倒引当金繰入額	—	197
固定資産除却損	※5 116,521	※5 43,723
固定資産売却損	※6 425	—
投資有価証券売却損	—	130
投資有価証券評価損	12,096	10,205
事務所移転費用	63,166	—
品質関連損失	※7 175,651	—
災害による損失	—	24,256
特別損失合計	367,862	78,512
税金等調整前当期純利益	1,501,755	3,372,368
法人税、住民税及び事業税	223,381	1,007,597
法人税等調整額	284,378	48,430
法人税等合計	507,759	1,056,027
当期純利益	993,995	2,316,341
親会社株主に帰属する当期純利益	993,995	2,316,341

図 8.10　はごろもフーズの連結損益計算書

（出典：はごろもフーズホームページ，「有価証券報告書」2020 年 3 月期（第 91 期））

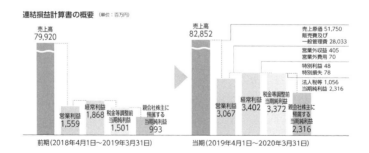

図 8.11　はごろもフーズの連結損益計算書の概要

（出典：はごろもフーズホームページ，第 91 期「株主の皆様へ」(2020)，p.9）

たところ従来の缶詰容器に加えて持続可能な森林資源を使用した環境配慮型で機能性に長けた紙容器入り
の同製品を 2019 年 8 月から販売を開始することでシェアの拡大につながったとされる（はごろもフーズ
「有価証券報告書」2020 年 3 月期）．この紙容器入りの小容量タイプの製造設備は国内初の導入となったよ
うである．

　このように，はごろもフーズは，製品の製造販売活動において健康志向，個食，環境配慮といった現代
のニーズにあった製品の開発と提供に努め，それが私たち顧客にも受け入れられた結果，売上の増加につ
ながっていることがみえてくる．さらに今期の追い風となったのが新型コロナウィルス感染防止対策とし
て実施された外出自粛や小中学校の休校などの要請である．この要請により家庭用のパスタ製品や包装米
飯，缶詰の需要が増加したことが好調な成績の要因になったとされる．

　このような企業努力の取り組みと魅力ある製品開発に加え，今期は新型コロナウィルスの影響も重なり
売上が伸びたと言える．さらに，主原料の価格や為替が年間を通じて安定していたことで営業利益は 30
億 67 百万円（前期比 96.7%増），経常利益は 34 億 2 百万円（前期比 82.1%増）になったようである．

（2）　はごろもフーズの貸借対照表の概要

　次に，連結貸借対照表をみていくことにする．連結損益計算書では売上が好調で当期純利益もしっかり
獲得していることことがわかった．2018 年度と 2019 年度の連結貸借対照表を比較してみると，売上の好
調を受けて流動資産と固定資産を合わせた資産合計（総資産）が 474 億 70 百万円から 512 億 94 百万円へ
と増加していることがわかる．売上が好調だった様子は，流動資産の内訳からもみることができる．たと
えば，「商品や製品」が約 12 億円減少し，反対に「受取手形や売掛金」が約 33 億増加しており，結果的に
流動資産を押し上げている．先ほどみた種々の商品や製品を販売し，それらがうまく売上債権に転化して
いることがわかる．また，固定資産についてみてみると，合計額でさほど変動がみられないが，2019 年度
は，建設途中の工場・設備・建物を意味する「建設仮勘定」が約 16 億円増加している．この勘定は，建設
中の建物や工場などを表していることから積極的な設備投資を行っていることがわかる．

　一般的に食品の製造メーカーにおいては，製造のための工場・設備を多く保有することから固定資産の
割合が高くなりがちである．ところが，はごろもフーズは，流動資産が 60%であるのに対して有形固定資
産はわずか 20%程度と低く抑えられている．これは何を意味するのかというと，自社で多くの工場を保有
せず外部の協力会社の生産設備を利用しながら効率的に生産活動を行っていることを意味している．つま
り，多品種の製品を安定的に生産し，市場に供給するため，はごろもフーズは，直営の 7 工場の他に国内
外に約 80 か所の協力工場を有し製品の製造を委託しているわけである[4]．

　現在の安定供給のための設備整備の一方で，老朽化した設備の改修や今後の就労人口の減少等の環境変
化に対応する生産体制を整備するため省人化，省力化等の積極的な設備投資にも取り組んでいることがわ
かる．たとえば，2018 年 11 月には旧本社（静岡市清水区）を増改築し，製品の研究・開発や品質管理・
分析を行う拠点として「はごろもイノベーションセンター」を開設している．また，2020 年 10 月には隣

---

[4] はごろもフーズ「有価証券報告書」2020 年 3 月期（第 91 期），p.14. 海外企業としては 1991 年 10 月インドネシアにマグロ・
　カツオの缶詰製造合弁会社 P.T.アネカ・ツナ・インドネシア社を設立している．はごろもフーズは，当該企業の株式を 33%保
　有し関連会社関係にあり缶詰などの製造委託を行っている．

1 【連結財務諸表等】

(1) 【連結財務諸表】

① 【連結貸借対照表】

（単位：千円）

	前連結会計年度 (2019年3月31日)	当連結会計年度 (2020年3月31日)
資産の部		
流動資産		
現金及び預金	810,711	2,108,785
受取手形及び売掛金	15,116,473	18,417,153
商品及び製品	8,634,011	7,396,027
仕掛品	81,600	83,331
原材料及び貯蔵品	3,052,374	2,702,186
その他	1,755,181	1,889,307
貸倒引当金	△3,494	△4,063
流動資産合計	29,416,858	32,562,729
固定資産		
有形固定資産		
建物及び構築物	13,763,723	13,681,701
減価償却累計額	△9,592,498	△9,570,486
建物及び構築物（純額）	※1,※2 4,171,224	※2 4,111,214
機械装置及び運搬具	9,667,896	9,840,473
減価償却累計額	△8,001,159	△8,219,997
機械装置及び運搬具（純額）	1,666,736	1,620,476
土地	※2 3,505,898	※2 3,487,847
リース資産	325,593	326,726
減価償却累計額	△97,148	△111,761
リース資産（純額）	228,445	214,965
建設仮勘定	14,256	1,687,657
その他	1,910,147	1,982,448
減価償却累計額	△1,424,335	△1,454,728
その他（純額）	485,811	527,719
有形固定資産合計	10,072,372	11,649,881
無形固定資産	372,294	389,278
投資その他の資産		
投資有価証券	※1,※2 6,783,789	※1,※2 6,041,421
繰延税金資産	7,513	9,163
退職給付に係る資産	211,764	54,488
その他	579,793	588,614
貸倒引当金	△3,461	△3,659
投資その他の資産合計	7,579,399	6,693,028
固定資産合計	18,024,066	18,732,189
資産合計	47,470,924	51,294,918

	前連結会計年度 (2019年3月31日)	当連結会計年度 (2020年3月31日)
負債の部		
流動負債		
支払手形及び買掛金	12,818,697	12,134,671
1年内返済予定の長期借入金	―	※2 77,440
リース債務	44,507	42,296
未払金	4,767,121	5,577,664
未払法人税等	132,501	982,130
賞与引当金	29,652	35,609
売上割戻引当金	3,215	2,745
その他	332,846	878,292
流動負債合計	18,598,461	20,049,927
固定負債		
長期借入金	―	※2 1,122,266
リース債務	119,525	97,885
繰延税金負債	763,553	589,657
役員退職慰労引当金	757,114	804,156
退職給付に係る負債	10,918	12,735
その他	104,703	104,703
固定負債合計	1,755,814	2,731,698
負債合計	20,354,276	22,781,625
純資産の部		
株主資本		
資本金	1,441,669	1,441,669
資本剰余金	942,527	942,527
利益剰余金	24,635,627	26,613,177
自己株式	△2,162,314	△2,162,178
株主資本合計	24,857,511	26,834,666
その他の包括利益累計額		
その他有価証券評価差額金	2,570,904	2,045,563
繰延ヘッジ損益	△3,080	70,348
為替換算調整勘定	106,754	△125,278
退職給付に係る調整累計額	△415,441	△311,986
その他の包括利益累計額合計	2,259,137	1,678,636
純資産合計	27,116,648	28,513,292
負債純資産合計	47,470,924	51,294,918

図 8.12　はごろもフーズの連結貸借対照表

（出典：はごろもフーズホームページ，「有価証券報告書」2020 年 3 月期（第 91 期））

図 8.13　はごろもフーズの連結貸借対照表の概要
（出典：はごろもフーズホームページ，第 91 期「株主の皆様へ」（2020）p.9）

接する敷地に主力製品であるツナ製品を生産する「新清水プラント」を建設し，製品の安定供給と効率化を図っている．潤沢な利益を原資に将来に向けた生産設備の整備にも力を入れていることが決算書から読み取れる．

　このように製品の製造や工場・建物の開設などを行おうとすると当然資金が必要になるが，その資金はどのように調達しているのだろうか．資金の出どころについては，貸借対照表の貸方をみるとわかる．貸借対照表の貸方は，資金の調達源泉を表していると言われる．すなわち，企業が調達してきた資金が返済義務のあるものか，返済義務のない資金かで大きく 2 つに分けている訳である．将来返済義務のある資金を「負債」と呼び，返済義務のない資金を「純資産」と呼んでいる．そして，返済義務のない資金である「純資産」が多いほど財務的には健全であると一般的には考えられている．もし，返済しなければならない資金で工場や建物を建設すると，返済期限までにそれらを換金しなければならなくなる．つまり，シーチキン等を生産できなくなる．このため，返済義務のない資金，または，返済期間の長い資金で工場等の建設をする方が良い．

　はごろもフーズの場合，2018 年度の総資産に占める負債の割合を示した負債比率は 42.9% であり，逆に，総資産に占める純資産の割合を示した自己資本比率は 57.1% であった．2019 年度には負債比率は 44.4% と若干増加し，自己資本比率は 55.6% と負債比率が増加した分減少している．先ほどの連結損益計算書をみると親会社に帰属する当期純利益は，2018 年度よりも約 14 億円ほど増加しており，当期純利益を含む純資産の数値は 271 億円から 285 億円と 14 億円も増加しているにもかかわらず自己資本比率は減少していることになる．ではなぜ自己資本比率が減少したのだろうか．

　その理由は，先ほど述べた積極的な投資活動にあると言える．2019 年度は投資活動に力を入れ，そのため銀行などから資金調達を行ったことがわかる．具体的には，固定負債の「長期借入金」が同年度は 11 億円増加している．また流動負債の「1 年以内返済予定の長期借入金」も 7,744 万円計上されていることから比較的多額の長期借入を行ったことがわかる．とはいえ，負債総額約 200 億円（流動負債と固定負債の合計額）を上回る流動資産約 325 億円を保有していることから，いつでも返済できる資金を潤沢に保有していることを意味する．なぜなら，流動資産とは，1 年以内に現金化される資産を意味するので 200 億円の負債の支払いに困る可能性は低いからである．

　以上，連結貸借対照表からわかることは，もともとしっかりと純資産（資本金）および利益の蓄積があり財務的な状態は安定していたが，今年度はさらに利益が出たことで純資産は増加した．そこへさらに追加で銀行等から長期的な借入れを行うことでさらに資金を増やしている様子がみられた．その資金を利用して研究センターなど商品の付加価値向上に向けた開発のための設備を整備する一方，老朽化した施設改修，将来への投資としての無人化工場の開発に資金を回しているということがわかる．同社は，比較的余裕のある資金を積極的に投資していると言える．

(3)　はごろもフーズのキャッシュ・フロー計算書の概要

　これまで見てきたように企業にとって資金（現金）の流れを把握しながら経営活動を行うということが非常に重要である．これには，一定時点の状況を検討するだけでなく，資金の流れを捉えた情報が必要である．キャッシュ・フロー計算書は，現金の増減を示した書類であり，貸借対照表の現金勘定の内訳明細を示す情報である．期首の「現金及び現金同等物」が会計期間を通してどのような理由で増減変動をし，期末残高に至ったかを示している．そして「現金及び現金同等物」の期末残高は，貸借対照表の期末現金残高と一致する．

　キャッシュ・フロー計算書には，3つの区分が設けられている．**「営業活動によるキャッシュ・フロー」****「投資活動によるキャッシュ・フロー」****「財務活動によるキャッシュ・フロー」**である．

　はごろもフーズの2019年度の現金残高は，期首に比べて12億98百万円増加している．この要因を連結キャッシュ・フロー計算書で分析してみよう．期首には「現金及び現金同等物」が8億10百万円あったが，主たる事業から稼得した現金純増額を示す「営業活動によるキャッシュ・フロー」は，24億88百万円であり，本業からしっかり資金を獲得できていることがわかる．そして，企業の将来に向けた投資状況等を示す「投資キャッシュ・フロー」は，20億7百万円のマイナスだが，本業から獲得した資金の範囲内での設備投資等をし健全な状況である．積極的に投資を行うと資金は流出するが，さらに投資に回すお金を賄うために銀行からの借入れなどによって8億16百万円の収入があったことが「財務活動によるキャッシュ・フロー」からわかる．結果的に，当期は「現金及び現金同等物」が期中に12億98百万円増加し，期末の残高は8億10百万円に12億98百万円を加えた21億8百万円となったというわけである．

　前述したようにはごろもフーズは，機械設備の老朽化と将来の労働人口減少，供給体制の整備のため獲

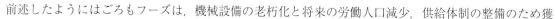

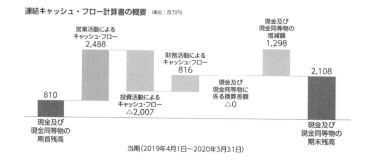

図8.14　はごろもフーズの連結キャッシュ・フロー計算書の概要
（出典：はごろもフーズホームページ，第91期「株主の皆様へ」（2020），p.9）

得した工場設備の建設や刷新に力を入れていた．その活動は，キャッシュ・フロー計算書の投資活動の部分でも読み取れることになる．また，積極的投資の背景には，獲得した利益や銀行からの長期的な借入れによる資金調達があったわけであるが，それらもまた「営業活動によるキャッシュ・フロー」，「財務活動によるキャッシュ・フロー」において読み取ることができる．

3.　各種の経営分析指標と企業間比較

　ここまでは貸借対照表，損益計算書そしてキャッシュ・フロー計算書をみてきた．これらの決算書の数値を用い企業の経営状態を分析することを**財務諸表分析・経営分析（ファンダメンタル分析）**という．各数値を比率化することで企業間の比較が可能になったり，また，年度間の比較も可能になったりする．財務諸表分析は，「収益性分析」「安全性分析」「成長性分析」に分けられる．「収益性」とは，企業の利益獲得の力を示したもので投下した資金に対する利益を対比した指標になる．具体的には，自己資本当期純利益率（Return On Equity: ROE）や総資産利益率（Return On Aseet: ROA）などがある．

$$自己資本当期純利益率（\%）（ROE）= \frac{当期純利益（利益）}{自己資本（純資産）} \times 100$$

$$総資産利益率（\%）（ROA）= \frac{当期純利益（利益）}{総資産} \times 100$$

　ROE は，「自己資本」を利用してどれだけ利益を獲得できたかを見る指標であり，高いほど株主から調達した資金を効率的に使用して利益を生み出していることを意味している．配当の主たる原資は利益なので，それが高いことは株主にとっては見返りの大きな企業であるということになる．また，ROA は，総資産を利用してどれだけ利益を効率的に生み出せているかを示す指標になっている．最近の日本企業の多くは，中長期的な経営計画を掲げているが，その数値目標として ROE や ROA の数値を掲げていることが多いのが特徴だ．はごろもフーズも有価証券報告書においては ROE を目標指標とすることが示されており，株主を意識しつつ経営に取り組む姿勢が掲げられている．

> **はごろもフーズの経営目標指標**
> 　このような背景を踏まえ，当社グループは単年度ではなく中長期的な視点で，各種製品の市場シェアの向上と利益の基調的な改善と株主重視の観点から株主資本利益率（ROE）を指標として捉え，これらの基調的な改善に取り組んでいます．
> 　　　　　　（はごろもフーズ「有価証券報告書」2020 年 3 月期（第 91 期），p.13.）

　ここからは，はごろもフーズの ROE や ROA を使用し同業他社との比較をすることで収益力をみていくことにする．

　国内の缶詰製造において，はごろもフーズと競合する企業にマルハニチロと日本水産（ニッスイ）がある．マルハニチロおよびニッスイは，純資産ベースにおいて 6〜7 倍，売上高ベースでは，10 倍前後の違いとなっている．また，金額規模の大きさの違いだけにとどまらず手掛けている事業領域の広さにも大きな差がある．両社は，北米・欧州などグローバルな地域にわたり水産資源の調達を行い，さらに多種多様な加工食品及び冷凍食品の製造・販売，そして大規模な物流システムの構築まで幅広い業務を行っている企業である．その点では競合という言い方が当てはまるかどうかいささか微妙なところではある．マルハニチロやニッスイといえば缶詰製品よりも冷凍食品のイメージが強いかもしれない．あえてそのような資本規模や業務内容の違いを踏まえつつはごろもフーズと収益性や安全性を比較しようと試みる場合，先ほどの経営分析指標がたいへん有用になる．実数での比較が困難であっても比率分析によるとその特徴をよりよく理解できるようになるからである．

　表 8.2 によると，はごろもフーズの ROE は，3.7%〜8.3% で推移しており，13% 前後になっている他 2社に比べてだいぶ低い数値であるような印象を受ける．そのため，この値だけをみると収益力は他 2 社に比べ低いように思えるが，他方で，企業の全体の資産から得られる経常的な収益力を示す ROA では他 2社を上回っていることがわかる．マルハニチロの ROA が 3.5%〜5.6%，ニッスイが 4.6%〜5.5% であるのに対して，はごろもフーズは，3.6%〜6.9% と 3 社の中では平均的に高い数値となっている．このことから企業の実力となる収益力では 3 社中最も良いことがわかる．

　ではなぜ，はごろもフーズの ROE が低くなっていたかというと自己資本比率に原因がある．マルハニチロやニッスイの自己資本利益率は 20%〜30% であるのに対して，はごろもフーズの自己資本比率は 55% 前後と非常に高いのが特徴的である．十分な当期純利益は獲得できているのにもかかわらずそもそも分母となる自己資本が多いため ROE の値が低くなっていることが予想される．反対に，マルハニチロやニッスイは，少ない自己資本に比して比較的多くの当期純利益を生み出せていることを表しているとも言える．結果的に，はごろもフーズの ROE の値は低めではあるが ROA の数値も考慮すると収益力の点で問題はないと言えるだろう．

表8.2　マルハニチロ，ニッスイ，はごろもフーズの主要経営指標

（単位:%）

		2016年3月期	2017年3月期	2018年3月期	2019年3月期	2020年3月期
ROE	マルハニチロ	4.7	16.6	14.9	13.9	9.7
	ニッスイ	13.3	13.2	13.3	10.8	9.9
	はごろもフーズ	7.8	7.4	6.4	3.7	8.3
ROA	マルハニチロ	3.5	5.6	5.5	4.9	3.8
	ニッスイ	4.6	5.5	5.3	5.3	5.3
	はごろもフーズ	6.7	6.5	3.6	3.9	6.9
売上高営業利益率	マルハニチロ	1.9	3.0	2.7	2.4	1.9
	ニッスイ	3.1	3.6	3.4	3.0	3.3
	はごろもフーズ	3.5	3.6	1.8	2.0	3.7
自己資本比率	マルハニチロ	17.5	20.1	22.3	24.1	25.1
	ニッスイ	21.3	26.8	28.6	30.6	31.2
	はごろもフーズ	49.9	53.3	55.5	57.1	55.6

（出典：各社とも「決算短信」2017年3月期〜2020年3月期より作成．）

収益獲得能力の点で問題がないことは売上高利益率の高さからも判断することができる．本業からの利益である営業利益の割合は，ニッスイとほぼ同様に 3.5%前後となっており，逆に，マルハニチロの収益力（1.9%）こそ改善の余地がありそうである．

　このように分析指標を利用することで企業間比較をすることが可能となる．他企業と数値を比較することにより自社や投資先の特徴や経営上の問題点・改善点がより明確に把握することが可能となる．

第 6 節　本章のまとめ

　本章では，会計に情報としての役割が重要あるということをみてきた．その実例として，私たちに身近な製品を扱っているはごろもフーズを取り上げてみた．ツナ缶を製造している企業のイメージが強いが，実は調べてみると色々な事業を行っていることがわかった．県内の缶詰製造会社の企業規模がそれほど大きくないのは主に缶詰事業に特化していることが要因であるのに対して，はごろもフーズはパスタやその他多くの製品の製造を手掛けている点に違いがあった．このように規模の大きな会社は複数の主力事業を抱えている場合がほとんどである．前述したマルハニチロやニッスイも私たちには冷凍食品のイメージが強いだろう．このため主力となる事業（製品）ごとに会社の比較をするとその事業の優位性がわかるだろう．パスタ・乾麺・ソース分野では，はごろもフーズは大手の一角を占め，その動向が注目されている．その分野で競合する企業の情報を調べてみると面白いだろう．

参考文献

- 新井清光・川村義則（2020）『新版（第 3 版）現代会計学』中央経済社.
- 佐伯良隆（2020）『100 分でわかる! 決算書「分析」超入門 2021』朝日新聞出版.
- 高田直芳（2016）『新・ほんとうにわかる経営分析』ダイヤモンド社.
- はごろもフーズ株式会社ホームページ　https://www.hagoromofoods.co.jp/
- マルハニチロ株式会社ホームページ　https://www.maruha-nichiro.co.jp/
- 日本水産株式会社（ニッスイ）ホームページ　https://www.nissui.co.jp/

さらに深く学ぶために参考となる Web サイト

(1)　EDINET（Electronic Disclosure for Investors' NETwork・エディネット）

　　　　　　　　　　　　　　　　　　　　　https://disclosure.edinet-fsa.go.jp/

　金融商品取引法に基づく有価証券報告書の開示書類に関する電子開示システム．2001 年 6 月に金融庁が開始したもの．上場企業の有価証券報告書を入手することができる．

(2)　財団法人財務会計基準機構 – 企業会計基準委員会　　　https://www.asb.or.jp/jp/

(3)　日本公認会計士協会　　　　　　　　　　　　　　　　https://jicpa.or.jp/

(4)　日本税理士連合会　　　　　　　　　　　　　　　　　https://www.nichizeiren.or.jp/

索　引

執筆者一覧（執筆順）

伊東暁人　　第 1 章，第 6 章

田島慶吾　　第 2 章

大脇史恵　　第 3 章

安藤研一　　第 4 章

朴　根好　　第 5 章

鈴木拓也　　第 7 章

永田守男　　第 8 章第 1〜4 節

石川文子　　第 8 章第 5 節

〔執筆者の所属はいずれも静岡大学学術院人文社会科学領域
経済・経営系列である〕

静岡大学人文社会科学部研究叢書 No. 73
げんだいしゃかい　　きぎょう
現代社会と企業

2021 年 3 月 20 日	第 1 版	第 1 刷	印刷
2021 年 3 月 31 日	第 1 版	第 1 刷	発行

編 著 者　　　伊 東 暁 人
発 行 者　　　発 田 和 子
発 行 所　　株式会社　学術図書出版社

〒113-0033　　東京都文京区本郷 5 丁目 4 の 6
TEL 03-3811-0889　　　振替　00110-4-28454
印刷　三松堂（株）